D1562617

ZERO AND MORE STORIES
CERO Y MÁS RELATOS

Written by

S. Gustavo Levy

Illustrations by

Patrick Garner

A Vicky, Paula, Marielle, y Antonio, modelos de humanidad, con cariño y admiración

Table of Contents / Tabla de contenido

Dear Reader:

Would you like to have fun and explore imaginary worlds while improving your Spanish or even your English? Well, this is the book for you.

In the following pages, you will find ten stories, in English and Spanish. These are whimsical short narratives written for my English-speaking students who are in advanced classes of Spanish. They could also be useful for Spanish speaking students who want to improve their English. There is not always a perfect match between both versions, since each language has its own character.

You may ask why I decided to write this book. The answer is simple: Since I wrote the stories, I prefer to use them as a basis for teaching. Being the author, I am in a better position to discuss the content of each story and explain the reason for using specific verbs, prepositions, and other grammatical ingredients. I hope that other students and teachers will benefit from this endeavor.

Patrick, the illustrator of these narrations, has collaborated all along the way. I am sure that his superb drawings will stimulate the interest of the students and enhance the teaching.

To write this book, I have been lucky to have my wife's support. Vicky patiently examined all the writings and provided several and welcome suggestions.

Later, I got the stupendous editorial assistance of both my daughter Marielle, for analyzing the English version and her layout suggestions, and Mabel Correa, for reviewing the Spanish text and its consistency with English. My sincere appreciation to them.

I am also grateful to all others who have provided valuable insights. Naturally, I take full responsibility for the errors you may find.

S. Gustavo Levy

May 31, 2017

Apreciado Lector:

¿Le gustaría entretenerse con mundos de fantasia para progresar en su castellano e incluso en su inglés? Pues, éste es su libro.

En las páginas siguientes encontrará diez narraciones, en inglés y en castellano. Se trata de breves cuentos imaginativos, escritos en lenguaje del día a día, para estudiantes de habla inglesa que asisten a cursos avanzados de español. También se pretende que sean útiles para hispanohablantes que estudien inglés. No siempre hay un calce perfecto entre ambas versiones, en atención al carácter de cada idioma.

Seguramente se preguntará porqué me decidí a escribir este libro. La respuesta es simple: dado que soy el autor, prefiero utilizarlo como base de enseñanza, ya que me es fácil dialogar sobre el contenido de cada cuento y explicar la razón de utilizar ciertos verbos, preposiciones y otros ingredientes gramaticales. Espero que otros estudiantes y profesores se beneficien de este esfuerzo

Patrick, el dibujante de los cuentos, ha colaborado durante todo el transcurso de este esfuerzo. Estoy seguro que sus estupendas ilustraciones van a estimular el interés de los estudiantes y perfeccionar la enseñanza.

Para escribir esta obra, he tenido suerte de contar con el apoyo de mi esposa. Vicky ha tenido la paciencia de revisar cada uno de los escritos y sus observaciones han sido cruciales para lograr este producto.

Más adelante obtuve la excelente asistencia editorial de mi hija Marielle, que se dedicó a la versión inglesa y a la estructura del libro, y de Mabel Correa, al texto en español y su consistencia con el inglés. Para ellas mis sinceros agradecimientos.

También mi gratitud a todos aquellos que me proporcionaron valiosos consejos. Naturalmente, me cabe la total responsabilidad por cualquier error que se haya cometido.

S. Gustavo Levy

31 de mayo de 2017

Zero, the Stranger

Cero, el Extraño

It was Wednesday night, so far just like any other Wednesday, with nothing new. Father Numberus was out running errands. That's what he always said, anyway. Mother Arithmetica happily watched her nine numerical children sitting at the circular dinner table. The blue, red and yellow walls were decorated with lines, triangles, rectangles and their relatives, rhombus and rhomboids.

The children teased each other, argued and discussed events and their purpose in life, like any large family. Their names were featured in multiple writings and counting tools in many parts of the world. One, Two, Three, Four, Five, Six, Seven, Eight and Nine were not worried about that at the moment. They ate their healthy and integral meal of square roots and organic fractions. They could barely wait for the dessert: tangentines.

Era la noche de un miércoles, hasta ese momento parecida a las de todos los miércoles, sin novedad. Papá Númberus andaba haciendo diligencias o, al menos, es lo que siempre decía. Aritmética, la mamá, observaba con placer a sus nueve hijos numéricos sentados alrededor de la mesa redonda de comedor. Las murallas azules, rojas y amarillas habían sido decoradas con líneas, triángulos, rectángulos y sus parientes, rombos y romboides.

Los chicos se hacían bromas, discutían y conversaban sobre acontecimientos y el propósito de sus vidas, como cualquier gran familia. Sin embargo, no era una familia común y corriente ya que sus nombres aparecían en multitud de escritos y en aparatos de contabilidad por el mundo entero. Uno, Dos, Tres, Cuatro, Cinco, Seis, Siete, Ocho y Nueve no estaban preocupados de su fama en ese momento. Comían, como siempre, sus meriendas saludables e integrales de raíces cuadradas y fracciones orgánicas. Anticipaban con fruición el postre de tangentinas.

Arithmetica sat between One and Nine. She loved observing the children's personalities and their interactions.

One and Two were so close and yet, so different. One was very slim, rather withdrawn and possibly bi-polar. He was used to being either the first or the last, depending on the circumstances, and his mood changed accordingly. At times the other kids mocked him and he was called the stick. But he knew that he commanded lots of respect when he became Mr. First or "Numero Uno." Two had a soft, feminine nature. She always supported and took care of One. Two knew that she could never steal the limelight from One but she didn't mind. Besides, she was proud of representing the couple, the epitome of love, and of her appealing duck profile.

They were conversing quietly about their day when Three, as she often did, joined the conversation rather loudly. Three was opinionated and aware that people usually expect at least three points to carry an argument. Even though One and Two supported their sister, Three was not completely self-confident due to Eight's frequent teasing.

"Glue Three to another Three and you get an Eight!" He would rub it in.

Four and Six ate in silence. The others ignored them, which was fine by these two. Four loved comfort and quietness; that was the reason he had a chair shaped figure. On the other hand, Six was placid and fat, but she was rather ashamed of her belly which hid small feet.

Stuck in between the quietest siblings, Five was trying to put on a show, arranging her food in neat little stacks and then rearranging the stacks over and over all the while explaining how lovely they looked. Five was talkative and artistic. She was the only one to wear a hat tilted to the right and she was proud of her impressive tail on the left. She was also quite proud of her special talent for counting all the fingers in a hand.

Aritmética se sentaba entre Uno y Nueve. Le encantaba observar la personalidad de los niños y cómo interactuaban.

Uno y Dos, aunque cercanos, eran tan diferentes. Uno era muy delgado, algo retraído y posiblemente, bipolar. Estaba acostumbrado a ser el primero o el último, de acuerdo a las circunstancias, y su temperamento variaba según la posición en que se encontrara. A veces los otros chicos se burlaban de él y lo llamaban el palito. Pero él sabía que lo respetaban sobremanera cuando le tocaba ser ¨Señor Uno¨ o ¨Número Uno¨. Dos poseía una naturaleza más suave, más femenina. Ella siempre respaldaba y cuidaba a su hermano Uno. Dos sabía que jamás podría robarle el protagonismo a Uno, pero esto no le molestaba. Por lo demás, se enorgullecía de ser la representante de la pareja, arquetipo del amor, y de su sinuoso perfil de patito.

Conversaban discretamente sobre lo sucedido ese día cuando Tres, como solía hacerlo, se unió ruidosamente a la conversación. Tres era bocona y muy consciente de que la gente usualmente espera en una discusión tres razones convincentes. Aunque Uno y Dos la apoyaban, Tres no era muy segura de sí misma debido a las constantes burlas de Ocho.

-Pegas Tres con otra Tres y obtienes Ocho, se mofaba.

Cuatro y Seis comían en silencio. No les incomodaba que los otros los ignoraran. Cuatro disfrutaba del confort y la calma, por eso su figura de silla. Seis era gorda y plácida; vivía avergonzada de la panza que escondía sus diminutos pies.

Atascada entre sus hermanos menos bulliciosos, Cinco trataba como podía de llamar la atención, apilando su comida en montoncitos. Los deshacía y los arreglaba nuevamente una y otra vez, haciendo aspavientos de lo lindo que se veían. Cinco era parlanchina y bastante artística. La única en usar un sombrerito ladeado hacia la derecha y se jactaba de su grácil colita curvada hacia la izquierda. También podía vanagloriarse de ser la que completa siempre todos los dedos de una mano.

All smiles and good cheer, Seven was a happy go-lucky child, but not feckless. In fact, he was frequently associated with the good things in life, except for the "seven capital sins" and a few other peccadilloes. In general, people coveted Seven's company. Seven got along with all her siblings, although she interacted most frequently with Eight and Nine. Right now, she was teasing Eight about his arrogance. And Eight was quite arrogant, parading his two impressive circles like a snowman without cigar.

Although Nine was quiet for the moment (probably due to trying to eat too much at the same time) both Eight and Nine loved criticizing the rest. Nine was the haughtiest, with her inflated bosom and erect posture.

Suddenly all conversation stopped and all heads turned toward the sound of the door opening. Father was back? This was so unusual! And he had a strange creature, another child, with him.

Father, red faced, stammered, "I couldn't leave him. He was thrown out of his home."

The stranger was completely round and rather sad. Arithmetica broke the ice.

"What is your name? Where do you come from?" She asked softly.

"My name is Zero and I am also Numberus' son. Father didn't want to acknowledge me because I am worth nothing. I was nothing to his everything. Father sent me to live with Infinitus, a distant relative, who made my life miserable. Finally, today, he threw me out. He said I could come live with 'the great nine numbers' and maybe be useful here. So I waited where I knew father would be and begged him to bring me here."

Siempre de buen ánimo y una sonrisa en sus labios, Siete era un chico despreocupado, sin ser indolente. Frecuentemente lo asociaban con las cosas buenas de la vida, con la excepción de los "siete pecados capitales" y uno que otro pecadillo. Siete era un tipo popular y se llevaba muy bien con todos sus hermanos, aunque se interrelacionaba más con Ocho y con Nueve. Ahora embromaba a Ocho por su arrogancia. Es que éste se sabía muy apuesto, haciendo alarde de sus dos círculos, como si fuera un muñeco de nieve sin cigarro.

Aunque Nueve permanecía callada -probablemente porque a menudo trataba de engullir mucho con premura- tanto Ocho como Nueve gozaban criticando a los demás. Nueve sin duda era la más altanera, siempre erecta y con su pecho inflado.

Abruptamente cesó la conversación, todas las cabezas giraron hacia la puerta que se abría. ¿Había regresado el padre? Esto era francamente inusitado. Además, con él venía un niño, una extraña criatura.

El padre, con cara de tomate, tartamudeó:

--- No pude dejarlo solo. Lo echaron de su casa.

El forastero era completamente redondo y parecía triste. Aritmética rompió el hielo:

-¿Cómo te llamas? ¿De dónde vienes?, preguntó con suavidad.

-Mi nombre es Cero y también soy hijo de Númberus. Mi padre no ha querido reconocerme porque no valgo nada. No era nadie para él que lo era todo. Papá me mandó a vivir con Infinitus, un pariente lejano, que me hizo la vida un infierno. Finalmente, me expulsó de casa. Dijo que yo podría vivir con "los famosos nueve números" y tal vez podría serles útil. Entonces decidí esperar a Papá donde yo sabía que estaría y le rogué que me trajera hasta acá."

Arithmetica gave an icy stare to Numberus. "You and I will speak later," she said while Numberus looked at the floor and remained silent.

Then, Arithmetica turned to Zero.

"As for you, child," she added in a no nonsense tone, "of course you can be useful here. We'll find you a place at the table."

Eight was sarcastic,

"You are round like a ball or even like an egg. You don't even have a magnificent waist, like I do, and you're worth nothing, ' n a d a '. How do you dare think that you can help?"

Nine reinforced the attack,

"There is no place for you here, Zero. We already have our distinct values and positions. You would only introduce confusion. Why don't you return to Infinitus and spare us your presence?"

Anyone could see how sad Zero became at those comments. Thick tears began flowing down his cheeks. Zero tried to respond assertively but was only able to stutter.

"I don't know exactly how I will contribute but I think that I can increase the value of any of you who gives me a chance. I am not a leader like each of you, though I believe I could be a good follower."

Then Two addressed the other numbers:

"Don't we need some help? Don't we have outstanding problems?"

Three answered promptly – obviously giving three reasons for his ideas.

Aritmética le clavó la mirada a Númberus. ¨Tú y yo hablaremos en unos instantes,¨ le espetó mientras Númberus en silencio miraba el suelo.

Aritmética se dirigió a Cero en tono afectuoso:

-Por supuesto, mi niño, que aquí en este hogar puedes prestar un gran servicio. Ven a la mesa a sentarte con nosotros.

Ocho vociferó socarronamente:

-Eres redondo como una pelota, incluso pareces un huevo. Ni siquiera tienes una cintura magnífica, como la que yo luzco. Ciertamente no vales nada, ¡n a d a! ¿Cómo se te ocurre pensar que nos puedes ayudar?

Nueve reforzó el ataque:

-No hay lugar para ti aquí, Cero. Nosotros ya poseemos nuestros valores y ocupamos todas las posiciones. Sólo vendrías a confundir las cosas. Por qué no te vuelves a Infinitus y ¡ahórranos la molestia!

Todos pudieron darse cuenta de lo triste que se puso Cero al oir esos comentarios. Gruesas lágrimas comenzaron a rodar por sus mejillas. Trató de responder con serenidad, pero solo pudo tartamudear:

-No sé exactamente como voy a contribuir, pero pienso que puedo aumentar el valor de cualquiera de ustedes que me dé una oportunidad. No soy un líder, como cada uno de ustedes, mas creo que sería un buen seguidor.

 En ese momento, Dos se dirigió a los otros números:

--¿Cómo que no necesitamos ayuda alguna? ¿Es que no tenemos problemas pendientes?

Tres respondió con prontitud, por supuesto que proporcionando como siempre tres razones:

"We certainly have problems. First of all, we have never been able to count all the fingers of the hands. We always get to nine and we miss the last finger. Besides, he said, we have never been able to go beyond Nine in any situation. Maybe if we are less individualistic and join forces we can even count the stars. And third, Zero could be the unexpected, timely force to make us closer and stronger."

Arithmetica hugged the newcomer, while suggesting One and Zero could join forces to count the last finger in both hands.

Seven immediately supported the motion. So did Two, who loved pairs. Five was not enthusiastic because up to that moment, she had the monopoly in finger-counting. One was willing to try, since it would be sweet to beat Nine, even with the assistance of a partner. Three, Four and Six also favored the idea.

Nine was stubborn and did not yield.

"Pairing One and Zero is silly. There is no greater number than mine and to have two numbers for the last, the weakest, the tiniest finger is irrational."

"It is insane." Eight emphasized.

The majority, however, had already approved the idea. They tried and it was a success. One and Zero were very happy, for different reasons. Now they needed a name for this pair and Five proposed to call it "tiny" since the last finger is always so slim. With the passing of time it was changed to ten, easier to pronounce and to provide a better ending for all the fingers.

Soon all the Numbers family discovered that by joining forces with Zero they could become more powerful. Later, they found out that by cloning themselves and joining others as many times as needed, they could create even greater numbers. They thought that with perseverance and with patience they could even compete with Infinitus and count the stars.

--Claro que tenemos problemas. Primero, nunca hemos podido alcanzar todos los dedos de las manos. De hecho, nunca hemos podido llegar mas allá de Nueve. Posiblemente si fuéramos menos individualistas y uniéramos fuerzas, podríamos llegar a contar las estrellas. Tercero, Cero puede ser el elemento oportuno e inesperado que permita aunar fuerzas y ser más poderosos.

Aritmética estuvo de acuerdo y abrazó al recién llegado, insistiendo en que Uno y Cero unieran fuerzas para abarcar el último dedo de las manos.

Siete apoyó inmediatamente la propuesta. Lo mismo hizo Dos, a quien le fascinaban los pares. Cinco no se mostró entusiasta, ya que hasta ahora poseía el monopolio de la capacidad para contar los dedos de una mano. Uno estuvo dispuesto a tratar, puesto que en su fuero interno le encantaba vencer a Nueve, aunque fuese con la ayuda de un compañero. Tres, Cuatro y Seis también estuvieron de acuerdo.

Nueve, testarudo, no cedió:

-Es realmente estúpido emparejar a Uno con Cero. No hay número mayor que el mío y tener dos números para el último dedo, el más pequeño y débil, es irracional.

-Es de locos, remarcó Ocho.

Sin embargo, la mayoría ya había aprobado la idea. La pusieron en práctica y resultó todo un éxito. Uno y Cero estaban dichosos, pero por diferentes razones. Ahora había que bautizar el nuevo número y Cinco propuso ¨chiquito¨ porque el último dedo es siempre tan flaquito. Con el correr del tiempo lo llamaron Diez, mas fácil de pronunciar y con una cierta prestancia para terminar la enumeración de dedos.

Muy pronto la prole de Númberus y Aritmética, sin excepción, entendió que la unión hace la fuerza. Cayeron en cuenta, que clonando y juntándose, tantas veces como quisieran, podrían crear números cada vez mas grandes hasta nunca acabar. Con perseverancia y paciencia hasta podrían competir airosos con Infinitus y alcanzar todas y cada una de las estrellas del Universo.

Winter Beach

La Playa De Invierno

The Southern part of Chile is a place with a great number of lakes, snow capped volcanoes, springs and lush vegetation. In summer, it would mirror heaven were it not for the earthquakes. Nothing is far from a beach, in this narrow country. On warm days, my wife, children and I frequently go to our favorite beach to enjoy the sand and sea, even though the water is always frigid due to the polar currents heading north. During winter, I often go to the beach by myself, in spite of the biting cold winds. Just to reflect. These visits help my brain and emotional balance. I need that reflection time by myself to get a break from my work as a psychiatrist.

One day, staring at the ocean and immersed in some of my patients' problems, I heard soft steps behind me. I turned my head and saw a four-foot penguin, the Emperor kind, like the ones in a movie I had seen years ago. I was curious because those penguins live further south. Suddenly the bird waddled over to me, most determined, and asked:

La zona Sur de Chile contiene muchos lagos, volcanes de cimas nevadas, fuentes termales y lujuriosa vegetación. En verano, sería un verdadero paraíso si no fuera por los temblores y terremotos. En este angosto país no hay lugar que quede lejos de una playa. En días cálidos, vamos con mi esposa e hijos a nuestra playa favorita, para gozar de la arena y el mar, aunque el agua esté siempre frígida debido a las corrientes polares que vienen del sur. En el invierno, a menudo voy solo a la playa, no obstante los mordientes vientos. No más que a reflexionar. Esas idas a la playa me ayudan a despejar la mente y a lograr un equilibrio emocional. Necesito ese tiempo de reflexión como una pausa de mi trabajo como siquiatra.

Un día, mirando el mar y sumergido en algunos de los problemas de mis pacientes, sentí unos suaves pasos a mi espalda. Giré mi cabeza y vi solamente un pingüino de un metro veinte de estatura. Un pingüino tipo emperador, como los que vi en una película hace algunos años. Sentí curiosidad porque esos pingüinos habitan más al sur. De repente el ave comenzó a contonearse hacia mí, muy decididamente, y preguntó:

"Are you Dr. Donevich?"

A penguin in this latitude! I was flabbergasted. It was certainly bizarre, but hearing it talk was even stranger.

¨Yes, I am¨, I responded catching my breath.

"My name is Empress and I came here seeking your advice", it explained.

"What can I do for you?" I answered automatically.

Then I realized I was talking to a penguin, I inquired:

"How come you can speak like a human being? And why did you choose to consult me?"

"I want your assistance because my male partner is cheating on me. When I realized that my Emperor penguin was having an affair with another female penguin, I got so enraged that I began saying to myself: 'That female bird is a bitch'. I felt like I was about to explode, but instead and to my amazement, I shouted 'bitch'! All of a sudden I was able to talk, I don´t know why. "

"Interesting…How did you find me?"

"Well, I needed someone to help me with my anger and pain and I didn't know of any penguin that could do that. One day, I approached a man, a guy interested in preserving maritime life or something similar, and asked him if he knew someone who could help me. At first the human being was very surprised to hear me talk, but after recovering from the shock, he gave me your name as the only reliable psychiatrist in these desolate regions."

"Are you completely sure that your male penguin is betraying you?" I asked.

– ¿Es usted el Dr. Donevich?

Un pingüino en estas latitudes! Me dejó pasmado. Ya era raro ver un pingüino en ese lugar, pero más extraño, oírlo hablar!

– Sí, soy yo –le respondí recobrando mi respiración.

– Me llamo Emperatriz y vine en busca de sus consejos –me explicó.

– ¿En qué puedo ayudarla? –le contesté automáticamente.

Entonces caí en cuenta que le hablaba a un pingüino y le pregunté:

– ¿Cómo es que usted puede hablar como un ser humano y por qué me escogió a mí?

– Necesito sus consejos porque mi macho, mi pareja, me está engañando. Cuando me di cuenta que mi conviviente me estaba siendo infiel con otra pingüino, me enfurecí de tal modo que me dije ´Esa hembra es una suelta´. Estaba a punto de reventar, pero en vez y para mi sorpresa, grité ¡ramera!, tal como lo habría dicho una mujer. No sé por qué, pero ahora podía hablar.

– Interesante… ¿Y cómo pudo ubicarme?

– Como se podrá imaginar, necesitaba a alguien que me ayudara a sobreponer mi rabia y dolor. No sabía de ningún pingüino que pudiera hacerlo. Un día me acerqué a un tipo, que estaba interesado en preservar la vida marítima o lo que sea, y le pregunté si sabía de alguien que fuera capaz de aliviar mi sufrimiento. En un comienzo, el ser humano estaba sumamente sorprendido de que yo hablara, pero después de recobrar su compostura me proporcionó su nombre como el único siquiatra confiable en estas regiones desoladas.

– ¿Está completamente segura de que su pareja la está engañando? –le pregunté.

"Yes, because when I came to replace him in caring for our egg, I noticed that he was incubating another egg as well as mine. I am sure I only laid one egg. In fact, the entire colony realized that my male was having an affair."

Before continuing, I mentally checked my knowledge about animal psychology. I had done some reading about animals, but mainly about cats, rats, dogs and horses. So different from penguins. My years of experience with human beings were not applicable in this case. Instead, I followed an "Ask Dear Abby/Amy" approach.

"Did you confront him?"

"Of course, doctor! But he answered that he was completely loyal to me and that he was incubating that other egg as a special favor to a mother who had to go fishing."

"Maybe he was telling you the truth," I ventured.

"No, doctor, male penguins only take care of the eggs they have engendered and never do special favors."

"Could some penguins act differently?" I insisted.

"I do not know of any other case. Emperor is despicable and I am now the laughing stock of the colony."

I was going to reply when I noticed another penguin on the beach, behind my new patient. It was a crested penguin.

"Do you know that guy?" I asked Empress.

"Yes, he is Macaroni, my lover. We meet frequently at this beach. It is a good meeting place for both of us."

"So, you also cheat on your mate?"

– Sí, porque cuando llegué a reemplazarlo en el cuidado de nuestro huevo, noté que estaba incubando otro huevo además del mío. Estoy segura que yo sólo puse un huevo. De hecho, toda la comunidad pingüínica se enteró de los devaneos de mi macho con otra hembra.

Antes de continuar la conversación, verifiqué mentalmente mis conocimientos acerca de sicología animal. Había leído algo sobre animales principalmente sobre gatos, ratas, perros y caballos. Tan diferentes a los pingüinos. Mis años de experiencia con seres humanos no valían en este caso. En vez, utilicé el estilo de las cartas Ask Dear Abby o Amy en los periódicos.

– ¿Confrontaste a tu pareja?

– Por supuesto doctor. Pero él me respondió que me era totalmente fiel y que estaba incubando un huevo de una madre que había tenido que salir a cazar en el mar.

– A lo mejor estaba diciéndote la verdad –sugerí.

– No, doctor, los pingüinos solo cuidan los huevos que ellos mismos han engendrado y no le hacen favores especiales a nadie…. –insistió.

– ¿Podría ser que algunos pingüinos actúen en forma diferente? –inquirí.

– No he conocido ningún caso similar. Emperador es vil y me ha convertido en el hazmerreír de la colonia.

Iba a replicar cuando me percaté de la presencia de otro pingüino en la playa, justamente detrás de mí. Era un pingüino con cresta.

– ¿Conoces a ese tipo? – le pregunté a Emperatriz.

– Sí, es mi amante, Macaroni. Nos juntamos frecuentemente en esta playa. Es un buen punto de encuentro para ambos.

–A ver, ¿usted también engaña a su pareja?

She jumped: "No, no, no, that is not the point! You don't understand. Macaroni belongs to another species and nobody knows about our romance. Emperor is not the laughing stock of the colony, as I am. Sorry to tell you, doctor, but you are not able to deal with us penguins."

And she left the beach, quite disappointed. Macaroni followed behind her.

On my way back home, I kept thinking about this weird episode. I told my wife the whole story, and waited for her reaction. She replied sweetly:

"You need some rest, you've been working too hard."

Su respuesta no se dejó esperar: – No, no, no. Usted no comprende. Macaroni pertenece a otra especie y nadie sabe de este romance. Emperador no es el hazmerreír de mi colonia, como lo soy yo. Siento decirle, doctor, pero usted no es capaz de tratarnos a nosotros los pingüinos.

Y abandonó la playa, muy desilusionada. Macaroni la siguió.

Mientras retornaba yo a casa, no dejé de pensar en este extraño episodio. Le conté a mi esposa todo lo que me había pasado sin omitir detalle. Y esperé su respuesta. Mi cónyuge me miró dulcemente y dijo:

– Necesitas un descanso. Últimamente has estado trabajando muy duro.

Ceylana In Lulea

Ceylana En Lulea

The following story happened many years ago, when I loved good conventional zoos, where animals could be taken care properly. Now, I prefer watching animals in their natural habitats. My name is Ingo Gustavson. I am a journalist and write the "Only in Sweden" section of the Stockholm Post. I have written about national and international zoos and maintain frequent contacts with their officials. Several zoos have asked for my assistance. That's why I was not surprised when Sven Magnusson, the manager of Lulea's zoo, called me.

"Ingo, I am desperate and need your advice".

When I asked about the cause of his affliction, he told me that he had acquired a female elephant and her baby from Sri Lanka, and the animals were depressed, in spite of creating the best environment for them.

Esta historia ocurrió hace muchos años, cuando me placía visitar zoológicos convencionales donde trataban bien a los animales. Actualmente prefiero observarlos en sus entornos naturales. Me llamo Ingo Gustavson y soy periodista. Estoy a cargo de la sección "Solo en Suecia del Stockholm Post. He escrito sobre zoológicos nacionales e internacionales, con cuyos funcionarios mantengo frecuentes contactos. Debido a mi experiencia, muchos solicitan mis consejos cuando enfrentan problemas. Por eso es que no me sorprendió la llamada telefónica de Sven Magnusson, el director del zoóogico de Lulea.

-Ingo, estoy desesperado y necesito tu consejo.

Cuando le pregunté la razón de su angustia, me señaló que habia adquirido de Sri Lanka una elefanta con su bebé y que en Lulea se les había creado un ambiente apropiado para ellos. No obstante, ahora los animales estaban deprimidos.

I told him I would go there as soon as possible. I wanted to help my friend in this interesting matter.

Lulea? It is the capital of the Laplands in the North of Sweden. I had been there a couple of times but never at the zoo. The idea of visiting Lulea was not very appealing because of the weather. The map depicts clearly why Lulea is colder than Stockholm. The difference between a freezer and a refrigerator. It was already December, with an average temperature of approximately 15 degrees Farenheit (-8.4 centigrade). January and February are normally worse.

After many hours by train, I got to Lulea's zoo, which welcomed me with a pleasant temperature, in contrast with its surroundings, thanks to a complex system of heating, and illumination. In this artificial environment, animals are treated lovingly and most of them thrive there. The zoo had become the favorite attraction of the town and its surroundings.

Sven, the zoo administrator, was a tall and pale middle aged man, who looked haggard. Kind as usual, he offered me a cup of coffee. It was a good beverage and I gulped it down. Sven only stirred it without drinking.

He told me how happy he was when Ceylana, the female elephant, and Columbus, her baby, arrived. His joy turned to concern when the animals began behaving erratically.

Sven gave more details:

"The zoo was particularly excited because it badly needed a charismatic elephant to woo more visitors. The animal immediately got a premium space, decorated with photos of mammoths. We assumed that those photos would make her feel in contact with her powerful ancestors. The zoo psychologists also placed several mirrors in her den, to satisfy Ceylana's vanity, a trait of her personality that was communicated to us".

Le respondí que iría para allá cuanto antes. Quería ayudarlo y además me interesaba el asunto.

Lulea? Es la capital de los Laplands, en el Norte de Suecia. Ya había estado ahí un par de veces, pero nunca en el zoológico. No me atraía viajar en diciembre debido a su clima. Basta mirar el mapa para darse cuenta que es más frío que el de Estocolmo. La diferencia entre un congelador y un refrigerador. En esa época, el promedio de temperatura en esa región no alcanza los 8.4 centígrado bajo cero. Fui positivo y pensé que enero y febrero eran normalmente más gélidos.

Al llegar a Lulea, después de muchas horas en tren, encontré que la temperatura era agradable en el zoológico, en contraste con el exterior. Esto lo han logrado gracias a un complejo sistema de calefacción e iluminación. En este ambiente artificial, los animales son tratados con cariño y muchos de ellos parecían disfrutar estando allí. El zoológico se había convertido en la atracción favorita de la ciudad y sus alrededores.

Sven, el director, era un hombre alto, frisando los cincuenta y cinco. Se veía ojeroso y pálido. Amable, como de costumbre, me ofreció una taza de café. Estaba bueno y me lo tomé de un golpe. Sven no lo probó y se limitó a revolverlo.

Me contó lo feliz que se sentía cuando Ceylana, la elefanta, y Columbus, su retoño, llegaron al recinto. Luego su alegría se tornó en pesar porque los animales comenzaron a comportarse de modo extraño.

Sven fue más específico:

-El zoológico estaba eufórico porque necesitaba un elefante carismático para atraer más visitantes. Tan pronto como llegaron los paquidermos, los ubicaron en un área de primera clase, decorado con enormes fotos de mastodontes. Suponíamos, que así se les crearía la ilusión de estar en contacto con sus poderosos antepasados. Los sicólogos de animales también les colocaron varios espejos, para satisfacer la vanidad de Ceylana, un rasgo de su personalidad que nos fue informado.

"I didn't know that elephants realize that mirrors reflect their images", I interjected.

"Yes, they do. Together with the primates, dolphins and whales, they are the most intelligent creatures on earth, apart from some –not all- human beings." And he added, softly "I am not including the politicians in this high-class group."

Sven continued: "Besides their prime location, Ceylana and her baby were assigned several professionals to look after them: three veterinarians, two dermatologists, one coach, one beauty specialist, and one nail trimmer.

Jokingly, I interrupted, "a chef is missing"

His answer was devoid of irony,

"A cook was also assigned. Hers and the baby's nutrition are of great importance".

"How did people react to the elephants"?

"Very positively in the beginning. Ceylana soon became the town's pet animal and the favorite 'focal point' for photographers and painters. She possesses all the traits to be considered 'Miss Universe Elephant': perfect body measures, tender eyes, soft skin, charming ears and trunk, elegant gait and an irresistible way of chewing her food. Columbos, the little one, was a cute thing with his awkward movements, ridiculous tail and jumbo size ears. She and the baby became the town's piece of conversation".

"People commented about their charm. I assume that although the animals did not understand Swedish, a difficult language, they could guess that were being praised".

Then I said something I considered obvious:

"No doubt that the elephants were very happy in this environment."

-No tenía idea de que los elefantes reconocieran su propia imagen en el espejo

-Ciertamente. Junto a los primates, delfines y ballenas, son las criaturas más inteligentes sobre la tierra, después de gran parte de los seres humanos. (añadió suavemente) No incluiría a los políticos en esa "gran parte".

Prosiguió: -Además del lugar privilegiado, se les asignaron varios profesionales para cuidarlos: tres veterinarios, dos dermatólogos, un entrenador y aún una cosmetóloga y una manicura.

Por broma le señalé: -Falta un chef de cocina.

Me respondió con toda seriedad que también había un cocinero asignado a los elefantes.

–Es muy importante que la madre y su hijo estén bien nutridos.

-¿Cuál fue la reacción de la gente?

-Muy positiva en un comienzo. Tan pronto como llegaron los elefantes se convirtieron en favoritos de los visitantes, fotógrafos y pintores. Ceylana posee todos los rasgos para ser considerada "Miss Elefanta Universo": medidas perfectas de cuerpo, ojos cariñosos, piel suave, orejas y trompa encantadoras, movimiento elegante y un estilo irresistible de comer su ración. De su parte, Columbus es un gracioso animalito que cautiva con sus pasos atolondrados y sus ridículas cola, trompa y orejas. En un santiamén, los paquidermos pasaron a ser el tópico principal de conversación.

-La gente ha comentado acerca de su encanto y aunque los animales no entendían completamente el parloteo, porque el idioma sueco es difícil de comprender, comprendían que los alababan.

Entonces hice un comentario sobre algo que consideraba obvio:

-Sin duda que los elefantes han estado felices en este ambiente.

"Oddly enough, this was not the case. In spite of the army of people looking after them, the fancy den and all the amenities, Ceylana was not happy. She began swaying, sweeping nervously the floor with her trunk, and mistreating her own child. Everybody at the zoo became very concerned, and called the best veterinarians of the country. Nobody could pinpoint the cause of her affliction. We could notice her depression but not its origin"

I had a sudden inspiration: ¨Have you watched the documentary filmed in Mongolia, "The Story of the Weeping Camel", where a mother camel rejects her baby?", I asked to the administrator.

Sven opened wide eyes.

"Did they solve the problem?"

"Yes, by hiring a local musician, who played a sort of primitive violin with which he touched the heart of Camels. When he played for her, we could watch how a tear ran down the Camel face. After that, the Camel changed her attitude, becoming a good mother."

The administrator became animated.

"Let us bring a Sri Lanka musician to Lulea. Perhaps he could warm her heart with melodies of the native country".

I asked him to keep me posted and left Lulea, happy to have contributed to Lulea and Sven welfare. At least, it seemed that way.

Weeks later I received a short email from Sven saying that the musician, a certain Pradeesh Chibernayaki, famous for appeasing elephants, had tried his best but failed. "Ceylana and Columbus are in extremely bad shape". He added, despondently.

"I am a failure and should resign."

-Extrañamente, ese no fue el caso. A pesar de toda la gente a su cuidado, los arreglos y las comodidades, Ceylana no se veía contenta. Comenzó a moverse agitadamente, barriendo nerviosamente el piso con su trompa y a maltratar a su hijo. Todo el zoológico estaba muy preocupado, y se llamó a los mejores veterinarios del país, pero nadie pudo precisar la causa de su malestar.

Me acordé repentinamente del documental "La Historia del Camello que Llora" filmado en Mongolia, que trata de una madre camello que rechaza a su bebé y le pregunté a Sven si lo había visto.

Mi interlocutor se inclinó hacia mi muy interesado:

-¿Resolvieron el problema?

-Sí, contrataron a un músico del lugar que tocaba un tipo de violín primitivo y sabía como llegar a la fibra emocional de los camellos. Al sonido de su música, pudimos observar que una lágrima brotaba del ojo del animal y después de eso, ella cambió su actitud y desarrolló una conducta tierna y maternal.

Sven se animó:

-Traigamos para acá a un músico de Sri Lanka que pueda enternecerla con las melodías de su país.

Le solicité que me mantuviera informado y abandoné Lulea, satisfecho de haber contribuido al bienestar de Lulea y de Sven. Al menos, así lo parecía.

Algunas semanas más tarde, recibí un comunicado del amigo, informándome que el músico, un tal Pradeesh Chibernayaki, que era famoso por calmar a elefantes, no había tenido buen éxito y que tanto Ceylana como Columbus continuaban en mal estado. Terminó con un tono pesimista:

-Soy un fracaso y debo renunciar.

I returned to Lulea and could verify how depressed the animals were. For his part, Sven looked paler than ever. We were at his office and I did, to no avail, my best to animate him. He seemed brokenhearted.

Then the phone rang and Sven answered pressing the Speaker button, to let me hear the conversation.

"Mr. Administrator, I am Cyril Gunapala and heard about the problem you have with the elephants. I have come to Lulea to help you. My experience with the Sri Lanka elephants and particularly with Ceylana, since her birth, could be useful. I could provide more details if we meet. I would arrive in fifteen minutes.

"Be my guest –answered Sven, in amazement.

I nodded. I had heard about Cyril, who was allegedly the utmost expert in Sri Lanka elephants. Some people even commented that he was an elephant whisperer.

Gunapala, a man bordering the sixties, olive color face, bald and clad in a Sri Lanka robe, was punctual and went directly to the point.

"In order to pamper Ceylana, you need to know Ceylana's habits".

"What are her habits?

"First, you are on target with the musician. But it is not enough. She has very regular habits that have to be respected. In Sri Lanka, Ceylana used to inhale tea, every day at 5 o'clock".

"Any kind of tea"?

"No, it has to be Ceylan tea, the native tea"

With Sven, we were skeptic, not associating an elephant with drinking tea at five o'clock. Nevertheless, we did not have many chances. Sven agreed to try.

Regresé a Lulea y constaté que los animales no estaban bien y que Sven se veía más demacrado que de costumbre. Se notaba tremendamente abatido. Hice lo que pude para mejorarle el ánimo, pero sin lograrlo.

De repente sonó el teléfono y Sven respondió, oprimiendo el botón correspondiente, para que me enterara de la conversación.

-Sr. Director, soy Cyril Gunapala y me he enterado del problema que tienen con Ceylana. Me encuentro en Lulea para ayudarle. Puedo aportar mi experiencia con los elefantes de Sri Lanka y el conocimiento de Ceylana, desde que nació. Si quiere, le puedo dar más detalles personalmente. Llegaría en quince minutos.

-Encantado de recibirlo -respondió el sorprendido Sven.

Asentí con la cabeza. Había oído hablar de Cyril que, para muchos era el mayor experto en elefantes de Sri Lanka. Incluso se comentaba que podía hablar con los elefantes.

Gunapala, un individuo de mediana edad y tez oliva, calvo y con un traje típico de su país, llegó puntualmente y fue directamente al grano:

-Para mimar bien a Ceylana, necesitan conocer sus hábitos.

-¿Cuáles son?

-Para comenzar, acertaron medio a medio con la música. Pero no es suficiente. Ceylana tiene hábitos regulares que hay que respetar. En Sri Lanka, la elefanta solía tomar diariamente té a las 5 de la tarde.

-¿Cuálquier clase de té?

-No, tiene que ser té ceylan, el nativo.

Aunque con Sven compartimos una dosis de escepticismo, ya que no podíamos asociar la idea de un elefante bebiendo té a las cinco de la tarde, estuvimos de acuerdo en adoptar la recomendación. No se vislumbraba una opción mejor.

Days later when Sven got the tea, we decided to have a first trial. Sven prepared the tea according to Gunapara instructions and put the beverage in a regular bucket. Gunapala did not like the recipient "It is low class for the elephant", bringing instead an ornate green bucket

"This is the color she likes", explained the Singhalese.

Pradeesh, who was still in town, began playing Sri Lanka's melodies with the sitar. Cyril took a glass, filled it with tea and put it into the elephant mouth. She drank it and her expression immediately changed. Her eyes and mouth insinuated a grin, and we understood that she enjoyed it.

Gunapala took Ceylana to the bucket and the animal gulped the liquid down. Then, with her trunk the elephant inserted tea into the calf's mouth, to its delight. She also caressed Colombus. Sven was elated.

This experience was repeated the next day, with the same success. Now, all trace of anxiety had disappeared from Sven's face. He was ready to face the public and communicated, through the media, that at five o'clock Ceylana and Colombus would drink tea. He pointed out that there was no animal exploitation.

The show was an instant public and financial success. Besides the tickets, the public bought mugs and t-shirts decorated with Ceylana and Colombus.

When I went to say goodbye to Sven, he offered me a cup of Ceylan tea instead of coffee. This time, both of us slowly drank it.

Algunos días después, cuando se consiguió el té, acordamos hacer un primer ensayo. Sven preparó el té de acuerdo a las instrucciones de Cyril y puso el brebaje en un balde regular. A Gunapala no le gustó el recipiente por encontrarlo inadecuado para Ceylana y lo cambió por uno verde que él portaba, decorado con motivos de bosques.

–Es el color que le gusta, explicó el cingalés.

Pradeesh, que aún estaba en la ciudad, comenzó tocando en la sítara melodías de Sri Lanka. Gunapala tomó un vaso, lo llenó con té y lo puso en la boca del paquidermo, que lo sorbió con clara satisfacción. Con ojos risueños, el paquidermo lanzó un gruñido de alegría.

Luego Cyril le indicó a Ceylana donde estaba el líquido y ella se lo zampó de un golpe. Luego, el elefante introdujo su trompa, llena de té, en la boca del pequeño, que lo degusto con deleite. Ceylana lo acarició. Sven estaba encantado con este logro.

Esta experiencia se repitió el próximo día, con igual éxito y toda traza de ansiedad desapareció del rostro de Sven. Ahora estaba listo para enfrentar al público y utilizó los medios para informar a la población de que a las cinco de la tarde podrían observar a Ceylana y a Columbus bebiendo té, al son de música cingalesa. Puso en claro de que no había explotación de animales.

El público celebró con jolgorio el espectáculo de los elefantes. El evento logró un rotundo éxito con el público, que compró billetes, como asimismo tazones y poleras decoradas con las efigies de Ceylana y Columbus.

Al despedirme de Sven, él me ofreció una taza de té ceylán, en vez de café. Esta vez, los dos bebimos como se debe, lentamente.

Lizmeli, the Sad Shadow

Lizmeli, la sombra afligida

Once upon a time, there was a shadow called Lizmeli. She had adopted that name for herself because it combined Elizabeth and Melissa, names she loved. Besides, she found that it suited her elegant self.

She was attached to Morlot, a drunkard, troublemaker and boor, with a bulging belly and an impressive bulbous red nose. How come a vulgar man could be accompanied by such a delicate and refined shadow? Maybe the heavenly being, in charge of distributing shadows. committed a mistake or was in a playful mood when this one was assigned? This case still remains a mystery.

Morlot hated Lizmeli, who, in his opinion, made him the laughing stock of his pals. They teased him:

"Morlot is girlish, ladylike, effeminate" - pointing out his feminine shadow.

Érase una vez una sombra llamada Lizmeli. Ella misma se puso ese nombre porque le gustaban Melissa y Elizabeth y decidió combinarlos. También encontró que calzaban con su elegancia natural.

Estaba ligada a Morlot, un borrachín, buscapleitos y patán, poseedor de una barriga respetable y una bulbosa nariz roja, producto de frecuentes libaciones. ¿Cómo era posible que un fulano tan vulgar tuviera una sombra tan delicada y refinada? ¿Tal vez el ser celestial, a cargo de distribuir sombras, había cometido un error o estaba de humor bromista cuando esa sombra fue asignada? Aún no se aclara este dilema.

Morlot odiaba a Lizmeli, que, en su opinión, lo convertía en el hazmerreír de sus compadres. Ellos se mofaban:

-Morlot es una mujercita, como una dama, afeminado –señalando a su sombra femenina.

Lizmeli felt very unfortunate and unhappy. Each time Morlot returned zigzagging from the bar to his house, Lizmeli would cringe and stifle a cry.

"I cannot bear this situation any longer. I would rather leave this planet forever," she told her close friend, the oak tree next to their home.

The old oak, full of scars and all sort of experiences, recommended patience.

One day, on a Saturday night, the situation became even worse than usual. The battering escalated throughout the night, just like what can happen in an abusive couple. Morlot insulted her repeatedly:

"You stupid shadow, bitch, dark worm."

He even spat on her when they were walking. Lizmeli felt humiliated and wanted to hide. It was even worse than being pooped on by a dog because at least those animals don't mean to cause pain.

On the verge of madness, Lizmeli decided to end this situation once and for all. Over several days, she devised a plan to kill Morlot even knowing that her fate was inexorably linked to the boozer. With shrewdness sharpened by her hardships, one night, Lizmeli projected herself onto the sidewalk in such a manner as to mislead Morlot, who could not understand why his shadow was in front instead of behind him even though the street lamp was in front.

He was already tipsy and after insulting Lizmeli "You, shitty shadow", he stumbled onto the street and was hit by a speeding truck. Morlot died immediately, yet, miracle of miracles, Lizmeli remained alive.

Lizmeli se sentía muy desafortunada e infeliz. Cada vez que Morlot regresaba zigzagueando del bar a la casa, Lizmeli se encogía y sofocaba un llanto.

-Ya no puedo más con esta situación. Preferiría abandonar para siempre este planeta- le confidenció al árbol encina, su gran amigo que estaba cerca de su casa.

El viejo árbol, lleno de cicatrices y de toda clase de experiencias, recomendó paciencia.

Días después, en un sábado en la noche, la situación se puso peor que de costumbre. El ataque verbal subió de tono, tal como ocurre en una pareja con un cónyuge abusivo. Morlot la insultó repetidamente.

"Eres una sombra estúpida, perra, un negro gusano."

Además, la escupió cuando estaban caminando. Lizmeli se sintió tremendamente humillada y quiso esconderse. Fue una sensación aún peor que ser ensuciada por las heces de un perro, porque, al menos, esos animales no intentan causar daño.

Al borde de la locura, decidió terminar de una vez por todas con esta situación, aun sabiendo que su destino estaba inexorablemente atado al del borrachín. Con la astucia que brindan las penurias, una noche la sombra se proyectó de tal manera que confundió a su dueño, que no pudo comprender porque su sombra la tenía al frente y no atrás, a pesar de que el farol de la calle lo tenía enfrente.

Ya Morlot estaba realmente mareado y después de insultar a Lizmeli: "Sombra de mierda", se tropezó en la calle justo en el momento que un camión pasaba a alta velocidad. Morlot falleció instantáneamente. La sombra, en cambio, milagro de los milagros, permaneció viva.

A new drama unfolded for Lizmeli. She realized that her solitary presence created fear whenever she wandered on the streets. Time and again people knelt down and prayed at her presence. She frequently heard people saying "Oh my God," when they noticed her. Only other drunkards who had known Morlot were unfazed.

"There it goes again, that crazy Morlot's shadow. Too bad she can't drink.

With tears in her hidden eyes, Lizmeli went to the oak,

 "What can I do? I want to be loved, not feared.".

The oak, as usual scratched his top with a tip of one branch. After pondering the question, he suggested that she join other shadows.

Lizmeli did her best. She sought out other shadows and greeted them. She smiled and waved hello. She asked them about their day. But it didn't help; the other shadows were territorial and selfish, rejecting her.

"Go away you vagrant," they used to say. Naturally, none of them would admit that they envied Lizmeli's style and class.

What could she possibly do? Not even suicide was available to her. Hers was such a strange case that nothing had been written in this respect.

One day, she leaned out of a window and saw a person reading "The Country of Long Shadows." She was able to read some pages, but it dealt with shadows in the Arctic. It wasn't helpful to her at all. Neither could she find anything useful on the TVs watched by the people who lived in the neighborhood.

She went back to her old friend and asked for advice.

"There is a woman called Agnes, who lives near here. She is short, red haired and very shy. Her shadow is even more bashful. I am sure that both of you could become good friends and help each other" –the oak recommended.

Para Lizmeli comenzó ahora un nuevo drama. Se dio cuenta que su presencia solitaria creaba susto dondequiera que ella caminara. Notó que que muchos se arrodillaban y levantaban la vista al cielo, después de verla. Solamente otros borrachitos que conocían a Morlot quedaban impertérritos.

-Ahí va nuevamente la loca sombra de Morlot. Lástima que no pueda beber (hic).

Con lágrimas en sus ojos escondidos, Lizmeli se dirigió a la encina.

- ¿Qué puedo hacer? Deseo ser querida, no temida.

Como de costumbre, el viejo árbol se rascó su tope con la punta de una rama. Después de reflexionar, le sugirió que se uniera a otras sombras.

Lizmeli hizo lo posible. Buscó a otras congéneres y las saludó. Les sonrió y les hizo un gesto cordial. Les preguntó como les había ido. Nada ayudó. Las otras sombras eran territoriales y egoístas y la rechazaron.

-Desaparécete vagabunda – solían decir.

Naturalmente, nadie quería compartir dueño ni admitiría que estaban celosas del estilo y la clase de Lizmeli.

¿Qué podía hacer? Ni siquiera el suicidio le estaba disponible. Su caso era tan raro que nada se había escrito a este respecto.

Una vez, colándose por una ventana y asomándose por sobre el lector, alcanzó a leer algunas páginas de "El País de las Sombras Largas", pero no tenía relación con su problema. También fue negativa su pesquisa en los programas de radios y de TV que tuvo la oportunidad de ver y escuchar en las casas que daban a las aceras por las cuales transitaban.

Fue nuevamente donde su árbol amigo y le pidió consejo.

-Hay una mujer llamada Agnes, que vive cerca de aquí. Ella es bajita, pelirroja y muy tímida. Su sombra es aún más corta de genio. Estoy seguro ambas pueden ser amigas y apoyarse mutuamente- recomendó la encina.

Lizmeli went to find Agnes and she soon found the person and her shadow, a very slender and pale one. Lizmeli approached the shadow carefully and somewhat nervously. This time she was not rejected. Lizmeli and her new friend chatted as they walked together. Soon Agnes realized, amazed, that she had two shadows instead of one. "Either I am becoming crazy or I really have two shadows,", she mused. Lizmeli and Agnes' shadow laughed very quietly.

The next day, Agnes again noticed two shadows. Now she was sure that hers was not just a nightmare. Since she continued seeing two shadows, Agnes decided to consult a psychologist.

"My goodness, what a strange problem you have" exclaimed the shrink when he saw the two shadows.

The psychologist had never seen something similar.

"Tell me Agnes, do you know of something similar in your family?"

-I do not understand

-That is, maybe your father or mother had two shadows?

Agnes scratched her head "Not that I know"

"Any grandparent, maybe an uncle or aunt?"

"I haven't heard anything of this sort. My father's father always joked about his shadow but he only had one"

"How was the relation with your father?"

"Not good. Father always remarked that I was 'good for nothing'

"With your mother?"

Lizmeli pronto encontró a Agnes y a su sombra, delgadita y pálida como su dueña. Se acercó a la nueva sombra cuidadosamente y con algo de nerviosismo. Esta vez no fue rechazada. Lizmeli y su nueva amiga charlaron mientras caminaban.

Luego, Agnes notó, con sorpresa, que poseía dos en vez de una sombra. '¿Estoy enloqueciendo o realmente tengo dos sombras?, se preguntó. Lizmeli y la otra sombra se rieron callandito.

El próximo día, Agnes observó nuevamente dos sombras. Ahora estaba segura que no era una pesadilla. Como el fenómeno continuaba, decidió consultar un sicólogo.

-¡Qué problema tan raro! – exclamó el sicólogo al ver las dos sombras.

Nunca había examinado algo similar

- ¿Cuénteme Agnes, hay algún antecedente familiar de este fenómeno?

-No entiendo doctor.

-Es decir, ¿tuvo alguna vez su padre o su madre dos ó más sombras?

Agnes se rascó la cabeza antes de responder "No que yo sepa".

- ¿Algún abuelo suyo, quizás algún tío?

–No he sabido de nadie. Mi abuelo por parte de padre siempre se reía de su sombra, pero sólo hablaba de una.

- ¿Cómo era la relación con su padre?

-No era buena doctor. El viejo siempre decía que yo no servía para nada.

- ¿Y con su madre?

"Good, but mother never contradicted father and I kept the perception that I was stupid. This affects my job as an accountant."

The doctor concluded that the patient had a poor image of herself and said, somewhat jokingly, that the increase in the number of shadows meant that she was projecting on others an influence that Agnes did not suspect. "Those things happen to people whose lives improve considerably." Agnes opened her eyes in disbelief.

"Are you serious Dr.?"

"Of course. I believe that that is the reason. I notice also the improvement in your voice and expression.

Agnes felt liberated. Her new shadow was a sure sign that she had acquired more self assurance. Thanks to that she could, little by little, face difficult situations and make decisions that she wouldn't have made before. Soon she confronted her boss and was fired, but she landed in a better gig. She was so thankful to her new shadow.

And Lizbeli was elated. She had accomplished a great mission, was attached to an excellent person and had gained a great friend. '

There are no records of another shadow with similar accomplishments.

-Era buena, pero mamá nunca contradijo a papá y me quedé con la idea que yo era una inútil. Esto me afecta en mi trabajo de contabilidad.

El sicólogo dedujo que la paciente tenía una pobre imagen de sí misma y le dijo, algo en broma, que este aumento en la sombra significaba que proyectaba sobre los demás una influencia que ella misma no sospechaba. Que eso les ocurría frecuentemente a las personas que daban un salto cualitativo en la mejoría de sus vidas. Agnes abrió los ojos desmesuradamente:

- ¿Lo dice en serio Dr.?

-Por supuesto que creo que ésta es la razón. Lo noto también en tu voz y en tu expresión en general.

Agnes no se inquietó más. Su nueva sombra era señal inequívoca que había logrado más confianza en sí misma y gracias a ello pudo, poco a poco, enfrentar situaciones y tomar decisiones que jamás se hubiera imaginado. Pocos días después se enfrentó con el jefe de la Oficina, fue expulsada y pronto consiguió un mejor empleo. Cuán agradecida le estaba a su nueva sombra.

Y cuán feliz estaba Lizmeli, que había cumplido una grata misión en la vida, poseía un amo estupendo y además contaba con una amiga inseparable.

Hasta el momento no se ha sabido de ninguna otra sombra que lo haya logrado.

Grrrk and His Family

Grrrk y su Familia

The Man, also known as Grrrk (because of his grunts), was carrying a spear, that is, a simple long stick ending in a sharp stone. He stealthily advanced, approaching the young ibex. He seemed a beast himself, almost naked, walking, with a rag covering only his private parts. He walked like a chimpanzee but a tad more erect, flexing every muscle of his powerful body.

A dark blanket was wrapping the sky, which suddenly opened the locks of its Water Department, and poured torrential rain and lightning, accompanied by thunders and strong winds. Grrrk was not scared. On the contrary, he stopped in awe, enjoying the noise of nature, enhanced by the river flow in the proximity, the chirping of birds and howling of animals.

El Hombre, conocido también como Grrk –a causa de sus gruñidos– llevaba una lanza, es decir, un simple palo largo con una punta de piedra afilada. Avanzaba con sigilo, acercándose al joven ibex. El mismo Grrk parecía una bestia, casi desnudo, solo con un trapo que le cubría sus partes más íntimas. Caminaba como un chimpancé, pero algo más erecto, flexionando cada músculo de su poderoso cuerpo.

Una cubierta oscura envolvía el cielo, que repentinamente abrió las compuertas de su Departamento de Aguas, y derramó sobre la Tierra una nube torrencial, acompañada de relámpagos, con truenos y una fuerte ventolera. Grrk no estaba asustado. Al contrario, se detuvo con sobrecogimiento, gozando el ruido de la naturaleza, realzado por el flujo del agua en la cercanía, los trinos de las aves y el aullido de los animales.

'The noise will mask my steps', he thought. He moved forward a bit while trying to decode all the sounds with his sensitive ears. Later he would try to imitate those sounds for his family. He reached the desired distance, and he could appreciate the ibex in all its beauty. A fleeting thought about leaving the beast alive crossed his mind, but he needed food for the family. His throw was precise, as usual, and he soon dragged the dead ibex to his home.

The Woman was waiting for him. She was known as Oooom for the sound she emitted when she was happy. That sound, as well as her expressive eyes –'two shining moons' plus her creamy chocolate skin and the way she showed her teeth, had completely seduced Grrrk. The female neighbors also envied her brief skirt made of zebra fur and the fact that she had bedazzled Grrrk. Most of the male acquaintances desired her but nobody would dare confronting Grrrk.

Grrrl entered the cave and her "ooom" and nose rubbing was the best welcome he could wish. She had adorned the place with furs from the animals he had brought. The center of the rustic main wall was occupied by a mane, which belonged to an old lion that had been dethroned after being indisputably the king of the jungle. The children, Miiin the girl and Tronk the boy, had contributed to the decoration by scratching the walls with sticks and stones, the way their mother taught them, trying to depict the scenes their father used to tell.

As soon as she saw the Ibex, the Woman Oooom made faces and gestures to clearly indicate that she would like him telling the whole story. Grrrk was exhausted but he happily began reproducing all the sounds he had deciphered so well. He began with his own stealthy steps, continuing with the thunders, the wind, the birds, the wild animals, the river, the hunt. Oooom and the children were impressed at his story, which Grrk delivered so well. Oooom and the children asked him to repeat his story once and again and he complied willingly, despite being tired. Each time he added something new and in the last performance he even accompanied his grunts with body movements, to the delight of the family.

El ruido va a tapar mis pasos, pensó. Se adelantó un poquito, tratando de decodificar todos los ruidos con sus entrenados oídos. Más tarde trataría de imitar esos sonidos para su familia. Acortó la distancia hasta que consideró que era la óptima y pudo apreciar el íbex en toda su hermosura. Pensó fugazmente en dejar a la bestia con vida, pero necesitaba comida para la familia. Como de costumbre, su lanzamiento fue preciso y pronto acarreó el íbex muerto para su casa.

La Mujer lo estaba esperando. La conocían como Uuuum por el sonido que emitía cuando estaba contenta. Tanto ese sonido como sus expresivos ojos 'dos lunas resplandecientes más su cutis de color chocolate cremoso y el modo como mostraba su dentadura, habían cautivado a Grrrk. Las vecinas también le envidiaban su pequeño taparrabos hecho de piel de cebra y el hecho que hubiera seducido a Grrrk. Era deseada por la mayoría de los hombres que la conocían pero nadie se atrevería a confrontar a Grrrk.

Grrrk entró a la cueva y ella lo recibió con cariñosos "uuum" y frotar de nariz. Era la mejor bienvenida que podia desear. Ella había adornado el lugar con las pieles de los animales que él había traído. El centro de la rústica pared principal lo ocupaba la melena de un viejo león, que había sido derrocado después de ser el rey de la selva por varios años. Los hijos, Miiin la niña y Tronk el niño, habían contribuído a la decoración, rasguñando las murallas con palos y piedras, del modo como la madre les enseñó, tratando de describir las escenas que su padre solía contarles.

Tan pronto como la Mujer Uuuum vio al Ibex, puso expresiones y gestos para indicar claramente que le gustaría que su marido contara todo lo sucedido. Grrrk estaba extenuado, pero con placer comenzó a reproducir todos los sonidos que él tan bien había descifrado. Comenzó imitando sus propios pasos sigilosos, continuando con los truenos, el viento, los pájaros, los animales salvajes, el río, la caza. Uuuum y los niños estaban tan encantados con el modo como Grrrk interpretaba su historia, que le solicitaron que la repitiera una y otra vez. A pesar de su cansancio, con gusto Grrrk repitió su actuación varias veces. Cada vez, añadió algo nuevo y en la última presentación, acompañó sus gruñidos con movimientos corporales, para el deleite de toda la familia.

While Grrrk was telling the story, Miiin and Tronk were doing their best to reproduce on the wall their father's steps and the ibex, and also the environment, with the birds, the river, and the animals. Their strokes were different, but the total effect seemed pleasant.

A sense of contentment filled the family and when the children slept, Grrrk and Oooom began playing and tickling each other until their game became more intimate and they rediscovered how much they liked to rest in each other's arms.

After few days, the stock of food had dwindled to the point where they needed a new hunt. Then Grrrk, whose life had already undergone twenty-eight complete cycles of drought, rain, extreme heat and pleasant breezes, and who was respected for his hunting abilities and his judgment, thought about organizing a group of neighbors for a collective hunt. This time the prey would be a zebra, the most delicate meal for their palates.

Five men followed Grrrk, who had already showed them how to walk stealthily, how to build a spear and how to throw it. This time they had to go closer to the river and they hoped not to face the lions, those imposing felines that also liked to indulge in zebras.

They marched silently until they got close to the river and there they saw a herd of zebras. They approached a little bit more but the zebras got a whiff because of a sudden change of wind and began running. Grrrk gave the signal to shoot at the slowest one, the last of the herd. They did as they were told, causing the beast to fall. The zebra was badly hurt and the men advanced to finish her off. They took their spears off and were beginning to smash her head when Grrrk's ears heard a known sound and his nose sniffed the fearful odor of a lioness. "Leave the zebra and let us go, fast but orderly", commanded Grrrk. He well knew that a lioness seldom is alone and hunts with other peers.

Mientras Grrrk contaba su historia, Miiin y Tronk se esforzaban por reproducir en la muralla cada una de las acciones de su padre, del ibex y también de todo el medio ambiente, incluyendo las aves, el río y los animales. Sus pinceladas eran diferentes, pero el efecto total resultaba muy placentero.

La familia se sentía contenta y cuando los chicos durmieron, Grrrk y Uuuum comenzaron a juguetear y a hacerse cosquillas, hasta que el juego se hizo más íntimo y redescubrieron cuanto les gustaba descansar en los brazos del otro.

Después de algunos días, la provisión de comida se había reducido hasta el punto en donde era necesario salir nuevamente de caza. Entonces Grrrk, cuya vida ya había alcanzado veintiocho ciclos completos de sequía y calor extremo, matizados, afortunadamente, de algunas brisas placenteras, y que era respetado por sus habilidades de cazador y su buen juicio, decidió organizar un grupo para una cacería colectiva. Esta vez, la presa sería una cebra, el manjar más exquisito para sus paladares.

Cinco hombres siguieron a Grrrk, quien ya les había enseñado a caminar furtivamente, a construir una lanza y a tirarla con precisión. En esta ocasión irían cerca del río y esperaban no encontrase con los leones, esos felinos imponentes que también se refocilaban con las cebras.

Marcharon en silencio hasta que llegaron cerca del río y justo ahí vieron un rebaño de cebras. Se acercaron algo más, pero las bestias los olieron debido a un súbito cambio del viento y comenzaron a correr. Grrrk hizo la señal convenida e hicieron puntería al animal más lento. Dieron en el blanco y tumbaron a la cebra. Estaba en malas condiciones y los hombres se aproximaron para liquidarla. Tomaron sus lanzas y poco les faltaba para darle el golpe de gracia cuando el oído de Grrrk percibió un sonido conocido y su nariz el tufo amenazante de una leona. –Dejen al animal y retirémonoslos, pero ordenadamente-, ordenó Grrrk. El sabía muy bien que una leona actúa raramente por su cuenta y que generalmente caza con una manada.

49

"No way", said the youngest hunter. He continued, "the zebra is mine and I will not let the lioness to grab it".

Grrk tried, unsuccessfully through gestures and grunts to convince the skeptical hunter, finally muttering a word that could be interpreted as "stupid fool." He liked the young man but he had to act rapidly. He did not have any other option but to leave him alone. Without knowing why, he raised his gaze to the sky as if lamenting the foreseeable death of the fool, and asking protection for him and his followers.

He and the others returned to their caves. They followed the ploy of tightly marching together, as giving the impression of a single large animal, with the spears ready for an attack. Unexpectedly, a lioness emerged from nowhere and began following them. Grrrk then used another trick learned from the man who raised him: he told the men to stop momentarily and bang their chests yelling as loud as possible, imitating roars. The effect was impressive and it apparently confused the beast. The feline either got amused or scared, or felt the zebra's aroma, causing her to march away, joining other lioness that had clearly emerged and went with alacrity towards the zebra and the young hunter.

The stubborn hunter tried to throw the spear to the first one who approached him, but four more lionesses jumped on him and he was promptly killed. The zebra was also swiftly finished off by the lionesses. Only then, the lion –husband and king of the lionesses- appeared in all his majesty and arrogance, claiming his priority in savoring the delicacy. The unfortunate man would be the next entrée. Vultures were already hovering around the place.

The other hunters returned to their caves, unscathed but sad and frustrated. When Oooom saw her Man's expression, she immediately understood what had happened, but was happy to see him alive. To distract him, she and the children performed together the same sounds he had emitted when he killed the ibex some days ago.

-De ningún modo-, dio a entender el joven cazador. La cebra es nuestra y no dejaré que me la quiten leonas.

Grrk trató, sin éxito, mediante gestos y gruñidos, de convencer al testarudo y al no lograrlo, finalmente emitió un sonido que podría interpretarse como "loco estúpido. El le tenía aprecio al joven cazador, pero tenía que actuar rápidamente. No tenía otra opción que dejarlo que se las arreglara solo. Sin saber por qué, levantó su mirada al cielo, como lamentando la previsible muerte del joven y, al mismo tiempo, pidiendo protección divina para él y sus seguidores.

El grupo retornó a sus cavernas. Ellos utilizaron la estrategia de marchar estrechamente unidos, como si fueran un solo gran animal, con las lanzas listas para un ataque. Inesperadamente, una leona emergió de alguna parte y los comenzó a seguir. Grrrk utilizó otra estratagema, aprendida del hombre que lo había criado: les sugirió a sus hombres detenerse momentáneamente golpeando sus pechos con fuerzas y, al mismo tiempo, gritando lo más fuerte posible, imitando rugidos. El efecto fue impresionante y, aparentemente, confundió a la bestia. No supieron si el felino se divirtió o sintió miedo o si quizás sintió el olor de la cebra y se fue rápidamente hacia donde estaban la cebra y el joven cazador.

El testarudo joven cazador había tratado de lanzar su lanza a la primera que se le acercó, pero otras cuatro leonas lo abordaron y prontamente fue presa de ellas. Naturalmente, la cebra también fue liquidada por las bestias. Solamente entonces, el león, marido y rey de las leonas, que hasta el momento había estado a la expectativa, apareció en toda su majestad y arrogancia reclamando su prioridad en la degustación del bocado. El desafortunado cazador sería su próximo plato. Aves de rapiña ya sobrevolaban el lugar

Los otros cazadores retornaron a salvo a sus hogares, aunque tristes y frustrados. Cuando Uuuum vio la expresión en su Hombre, comprendió inmediatamente lo que había sucedido, pero estaba feliz de verlo con vida y salud. Para distraerlo, ella y los niños actuaron juntos imitando los mismos sonidos que él había proferido después de cazar el íbex.

They had rehearsed the combination of sounds several times, just to enjoy its rudimentary harmony.

The noise attracted the other cave people, who showed their pleasure by nodding, laughing and shaking their bodies. All of a sudden, Grrrk became animated and did something unexpected: he provided a second part to this combination of sounds, by imitating with dance and grunts the hunt of the zebra, the appearance of the lioness, the death of the young hunter, and their own survival. His hunting companions joined the fray, adding drama. Miiin and Tronk tried to record, as accurately as possible, this new development.

This combination of sounds, never heard before, depicted the saga of their own lives, and thus it was an enormous success and had to be repeated once and again, each time with more perfection.

At that moment, they did not grasp their important contribution to the ascent of man. It was revealed thousands of years later, when a group of archeologists, anthropologists, paleontologists, and speleologists deciphered the scratches made by Miiin and Tronk and discovered that in that place -known now as Ethiopia-, that cave and in those times, the first expression of Choral and Folkloric Ballet had been performed

Habían ensayado varias veces la combinación de sonidos, para gozar de su armonía rudimentaria.

Esta actuación atrajo a otros cavernícolas, quienes mostraron su alegría mediante asentimiento de cabeza, risotadas y movimientos corporales. Repentinamente, Grrrk se animó e hizo algo totalmente inesperado: agregó una segunda parte a esta combinación de sonidos, mediante la imitación de la caza de la cebra con danza y gruñidos, como también la aparición de las leonas, la muerte del joven cazador y su propia supervivencia. Sus compañeros de caza se integraron a la actuación, Miiin y Tronk trataron de registrar este nuevo desarrollo con tanta precisión como les era posible.

Esta combinación de sonidos, que nunca antes se había escuchado, describía la epopeya de sus propias vidas, por lo que se constituyó en un enorme éxito y tuvo que ser repetida muchas veces, cada nueva vez con más perfección.

En ese momento, no pudieron comprender su enorme contribución al desarrollo del ser humano. Se reveló miles de años más tarde, cuando un grupo de arqueólogos, antropólogos, paleontólogos y espeleólogos descifraron los petroglifos hechos por Miiin y Tronk, en ese lugar que ahora se conoce como Etiopía. Ahí pudieron detectar, gracias a esa cueva y a esos dibujos, la primera interpretación coral y de ballet folklórico de la humanidad.

Greenwich and the Time Zones

Greenwich y las Zonas Horarias

Special Meeting of the World's Time Zones.

Notes of the Meeting

> Participants: World's Time Zones
> Venue: One of the Poles
> Time: Unimportant

Background and environment.

The meeting was convened by Greenwich, also known as "First Meridian" and GMT, the abbreviation for Greenwich Mean Time. He would have preferred to be called "Lord Greenwich". His Time Zone was "primus inter pares"(first among equals) and all the other meridians had to add a number to indicate how far away they would be from GMT. The

---

Sesión Especial de las Zonas Horarias

Minuta

> Participantes: Zonas Horarias del Mundo
> Lugar: Uno de los Polos
> Hora: Irrelevante

Antecedente y medio ambiente

La sesión fue convocada por Greenwich, también llamado "Primer Meridiano" y GMT (Greenwich Mean Time –en español: Tiempo Medio de Greenwich). Hubiera preferido ser llamado "Lord Greenwich". Su Zona Horaria era "Primus inter pares" (el primero entre iguales) y todos los demás meridianos tenían que agregar un número para indicar la cercanía a GMT. El número debía estar precedido por un signo más (+) para aquellas

number was preceded by a positive sign (+) for hours ahead of GMT, or a negative sign (–) for hours behind GMT.

Greenwich organized the event in view of the current rumors about plans for a coup d'etat organized by other Time Zones. Some of the reasons for this conspiracy were objective, such as a better distribution of power and more flexibility in standard times. Greenwich was also informed that there was a hidden reason: his own personality. He was often perceived by many as arrogant, isolated, and dogmatic.

The virtual meeting room was adorned with mobile sculptures and portraits of Galileo, Newton, Einstein, Fermi and Hawkings. Carpets were made of optic fiber with ultra violet waves designs. In the background Ponchielli's Dance of the Hours played softly. A light meal was served that included milky way as the main drink, followed by grilled minutes stuffed with sautéed nanoseconds. There were quark creams for dessert.

Participants

Participants from All Time Zones arrived dressed in iridescent gowns. Male and female Time Zones were known by the way they moved and danced on the clocks. Particularly notorious were those passing through France, Brazil and the Tropics.

Presentations

Although Greenwich suffered from some gravity, was strong enough to direct the meeting. He went straight to the point:

"I have heard that some of you want a change of government. If that is true, could you please state your reasons?"

The representative of the four zones representing Asia spoke:

horas de más adelante y un signo menos (-) para las horas de más atrás.

Greenwich organizó el evento, en vista de los rumores acerca de un golpe de estado que preparaban las otras Zonas Horarias. Algunas de las razones para esta conspiración eran objetivas, tales como una mejor distribución del poder y mayor flexibilidad en horas estándar. A ello se agregaba una causa sicológica, como se le informó a Greenwich. Tenía relación con su personalidad: varios lo percibían como arrogante, aislado y dogmático.

El cuarto virtual de la reunión estaba adornado con esculturas y retratos de Galileo, Newton, Einstein, Fermi y Hawkins. Las alfombras eran de fibra óptica con diseños ultravioletas de ondas marinas. La Danza de las Horas de Ponchielli era la música de fondo. Los asistentes podían disfrutar de una frugal comida que incluía la vía láctea como la bebida principal. seguida de minutos al grill rellenos de nanosegundos sauteed. De postre había crema de quarks.

Participantes

Participantes de todas las Regiones Horarias. Llegaron vestidos con colores invisibles. Algunas Regiones eran más masculinas y otras más femeninas. Se reconocían por el modo como se movían y bailaban en los relojes. Aparecían más femeninas aquellas en donde estaban Francia, Brasil y los Trópicos.

Ponencias

Aunque Greenwich sufría de alguna gravedad, poseía energía suficiente para dirigir la reunión. Fue directamente al grano

-He oído que algunos de ustedes desean un cambio de gobierno. Si es verdad, les ruego que expongan las razones.

Habló el representante de las cuatro regiones representando a Asia:

"We cross through the most populated countries, bound to be the most powerful countries on Earth. On the other hand, England, your sponsor, is a country of the past. Therefore, we deserve to have one of us holding the First Meridian position and all the clocks should be adjusted to satisfy the needs of our clients."

GMT +4 said in a strong Russian accent: "I should be the center! Russia is the largest country on earth!"

The motion was applauded by some and booed by others.

GMT+5:30 and GMT+8 looked at each other and added: "India and China have the most people." GMT + 8 (China) reminded the attendants that Greenwich was chosen for being the focal point of navigation. Added:

"Now the maritime traffic is increasingly denser in this region and, as a consequence, we should be the new GMT."

The atmosphere became very agitated, until Greenwich quieted the crowd down and turned his attention to the representative of the Southern Zones of Africa, an actress and accomplished public speaker, who said with a musical voice:

"Dear representatives, we can benefit enormously if the axis of power is changed. One of the main problems of the world is the unusual distribution of wealth and we, as time zones, could do something dramatic to change this horrendous state of things, which is affecting billions of human beings and other living creatures. –she paused, drank some 'milky way' and continued. We could, for example make time run slower, thus allowing the underdeveloped world to catch up, while, at the same time, allowing life to be more pleasant, less hurried. As you can gather, if you accept my point of view, Greenwich, who is one of the main adherents of "Time is Money," should be replaced by a Time Zone of those countries which enjoy life more than business".

-Nos corresponde cruzar por los países más poblados, que en un futuro próximo están destinados a ser los más poderosos sobre la tierra. Además, Inglaterra, el país que lo apoya, es un país del pasado. Por lo tanto, merecemos que se nos transfiera la posición de Primer Meridiano y que todos los relojes se ajusten a nuestra base, para satisfacer las necesidades de nuestros clientes.

GMT+4 intervino, con un fuerte acento ruso. -Nosotros deberíamos ser el eje central. Rusia es el país más grande del mundo.

La moción fué aplaudida por algunos y abucheada por otros.

GMT + 5:30 y GMT + 8 se miraron y acotaron que "India y China poseen las más grandes poblaciones". GMT + 8 (China) también recordó a los asistentes que Greenwich fue elegido por ser el punto focal de la navegación. Agregó:

-Actualmente el tráfico marítimo está incrementándose exponencialmente en nuestra región y, como consecuencia, deberíamos ser el nuevo GMT.

La atmósfera se estaba poniendo muy inquieta, hasta que Greenwich la colmó al tornar su atención hacia la representante de las Regiones del Sur de Africa, una actriz y exitosa oradora, que alzó su voz musical:

-Estimados representantes, nos beneficiaríamos grandemente si cambiáramos el centro de poder. Uno de los problemas principales del mundo es la distribución desigual de la riqueza y nosotros, como regiones horarias, podríamos hacer algo dramático para cambiar esta horrible situación, que está afectando a billones de seres humanos, como asimismo a otras criaturas vivientes (hizo una pausa, bebió algo de 'vía láctea' y prosiguió). Podríamos, por ejemplo, hacer más lento el tiempo, con lo que permitiríamos recuperarse al mundo subdesarrollado y, al mismo tiempo, lograr una vida más placentera, menos apurada. Como podrán deducir, si aceptan mi punto de vista, Greenwich, uno de los principales seguidores de la filosofía "Tiempo es Dinero", debería ser reemplazado por alguna Región Horaria de los países que gozan más de la vida que de los negocios.

She made eye contact with the audience throughout the whole speech. When finished, she smiled broadly and left the podium.

All attendees were taken aback by the bold proposal. Some applauded frantically; while others reacted with anger. The opinions were divided according to regional dissatisfactions. The Time Zones associated with United States were deeply divided in this issue.

Greenwich seemed visibly altered. "This is insane," he shouted. " Never in the history of the world has there been a change in time behavior. Even if it were possible, could you fathom the paralysis of production, research, cultural life and sports? This alteration will affect all mankind, including the underdeveloped world. There will be a serious disruption in all matters of economic, social and cultural areas. In fact, it will change civilization, as we know it".

He also warned the participants that reorganization, like the one proposed, could provoke a disastrous effect. He concluded with a warning:

"You tend to forget that we are mere executors of a system regulated by the stars, the Sun in our case, and we cannot alter Time's agenda."

The representative of the United States Eastern Zone seconded him:

"We think that no change is needed at this moment. Any variation could create an enormous disruption in the world, which is already undergoing turbulent times."

The opponents were not moved and began chanting

"Yes, we can, yes, we can.".

Durante toda su perorata, hizo contacto visual con la audiencia. Cuando finalizó sonrió ampliamente y abandonó el podio.

Todos los asistentes se asombraron de la audaz propuesta. Un grupo aplaudió frenéticamente, mientras que otro grupo reacción con enojo. Las opiniones denotaban diferentes grados de disatisfacción regional. Fue interesante notar que las Regiones Horarias asociadas con los Estados Unidoser estaban muy divididas en estos aspectos.

Greenwich se veía muy alterado. -Esto es una locura (gritó) Nunca en la historia del mundo ha cambiado la conducta del tiempo horario. Aún si se pudiera, ¿se imaginan cómo esto afectaría la producción industrial, la investigación, la vida cultural y los deportes? Esto afectaría seriamente a toda la humanidad, incluyendo al mundo subdesarrollado. Habrían serias repercusiones de tipo económico, social y cultural. De hecho, cambiaría toda la civilización, tal como la conocemos.

Además advirtió que una reorganización como las que se proponen, provocaría un efecto desastroso. Concluyó con una advertencia:

-Solemos olvidar que somos mero ejecutantes de un sistema que está regulado por las estrellas, el sol en nuestro caso, y que no podemos cambiar la agenda del Tiempo.

El representante de la Región Este de los EEUU secundó a Greenwich:

-Creemos que no hay necesidad de un cambio en estos momentos. Cualquier variación crearía grandes disturbios en el mundo, que ya está sufriendo de tiempos turbulentos.

Los opositores no quedaron convencidos y comenzaron a corear:

-Sí, podemos, sí, podemos.

Voting

A frantic political activity ensued and the parties estimated their potential votes. Each side assumed that they could get fifty per cent of the vote, without counting the Kiribati time zone. She was approached by both sides, but she kept silence and her stance was not even discovered by the nano journalists, experts in detecting leaks.

Each voter stated their vote out loud, and, as expected, there was a tie. Only Kiribati's representative had not voted. It was her turn.

With a trembling voice, she said "No."

"Could you repeat, a little bit louder and clearer, and explain your position", said Greenwich, extremely worried.

She began stuttering and then she said slowly:

"I think that times zones are very uneven and some are very unfair. Mine is perhaps the worst, due to the country's government decision, and I am suffering a severe East Scoliosis. Maybe if I move to the time zone where Alaska is, I would be much better. But Greenwich is not to be blamed. Human beings are. Particularly those dictators who think they can control time. In other words, I do not want any change and Greenwich should remain our leader".

Greenwich breathed quietly. He could relax. As a real Lord, he did not let his emotion become apparent. In a conciliatory mood, he said to this friends and opponents that he respected ideas different from his, but a majority wanted to continue as it is. He promised to do his best and to be more receptive to other ideas.

Conclusion

Greenwich is confirmed as the First Meridian.

Votación

A continuación, se produjo una frenética actividad política y cada bando comenzó a calcular sus votos Cada grupo estimó que poseía un cincuenta por ciento de los votos, sin incluir a la Región de Kiribati. Ella fue abordada por ambos bandos y su postura prosiguió siendo un misterio, que ni siquiera pudieron descubrir los nanoperiodistas, expertos en detectar filtraciones.

Los votos se daban en voz alta y como, se suponía, había un empate hasta que llegó el turno a la Región Horaria de Kiribati.

Con voz temblorosa, ella dijo -No.

-Podría repetir, con voz más alta y clara y explicar su posición- dijo Greenwich, extremadamente preocupado.

RH Kiribati tartamudeó en un comienzo y luego dijo, lentamente:

-Creo que las Regiones Horarias son muy disparejas y algunas son muy injustas. La mía es quizás la peor y ahora estoy sufriendo una severa escoliosis oriental. Quizás si me movieran a la región donde está Alaska, yo estaría mucho mejor. Pero no podemos culpar a Greenwich. A los seres humanos, sí. Especialmente algunos de los dictadores, que creen que gran parte de su poder consiste en controlar el tiempo. En otras palabras, voto porque Greenwich continúe siendo nuestro líder

Greenwich respiró aliviado y pudo relajarse. Como un verdadero lord, no dejó transparentar sus emociones. Con una actitud conciliatoria, les expresó a sus amigos y opositores que respetaba ideas diferentes de las suyas, pero que, si una mayoría le manifestaba su apoyo, él prometía efectuar todo lo que estuviera de su parte para ser aún más receptivos de otras ideas.

Conclusión
Se confirma a Greenwich como Primer Meridiano.

ADDENDUM

Soon after, the Time Zones learned that the strong emotions triggered during the meeting had deleterious effects on Earth. Greenwich's anger caused unexpected consequences in his own time zone, including Great Britain and neighboring regions. A journalist, who had just arrived to London from New York, reported to his TV Channel that the rhythm of life was so agitated that people seem to be on the verge of exploding. He thought that life would be more relaxing in England, but he considered returning soon to a quieter life in New York.

The rest of the world was also affected by the exacerbated emotions. Somewhere in Africa, a radio speaker commented that, at a certain moment, he seemed to be controlled by unknown forces that made him speak faster or slower. This kind of reaction spread throughout mankind, as an unstoppable disease, causing physical as well as mental disturbances.

All over the world, scientists, religious people and the so-called pundits were befuddled by what had happened. Creationists speculated that it was sign of God's rage against human arrogance. Scientists posited new theories about meteorites and global warning and political pundits blamed governments and legislators for this strange situation.

No one suspected that it was a product of the Time Zones meeting, and that a single vote, from a humble Time Zone, had foiled an attempt to change time's behavior on Earth.

ADDENDUM

Poco tiempo después, las Regiones Horarias supieron que las fuerte emociones desatadas durante la reunión, había provocado efectos perjudiciales en la Tierra. El enojo de Greenwich causó resultados inesperados en su propia zona, incluyendo Gran Bretaña y regiones vecinas. Un periodista, que había llegado a Londres, proveniente de Nueva York, informó a su Canal de Televisión, que el ritmo de vida había llegado a ser tan agitado, que las personas parecían estar a punto de explotar. Había pensado que la vida sería más calmada en Inglaterra, pero ahora deseaba volver prontamente a una vida más tranquila en Nueva York.

El resto del mundo también se vio afectado por estas emociones extremas. En algún lugar de Africa, un locutor de radio comentó que, en un cierto momento, parecía estar controlado por fuerzas desconocidas, que lo obligaban a hablar ora más rápido o más lento. Este tipo de reacción se propagó a través de la humanidad, como una enfermedad imparable, causando disturbios físicos y mentales.

En todo el mundo, científicos, religiosos y los así llamados expertos, estaban confundidos por lo que había pasado. Los creacionistas especulaban que era una señal del enojo del Creador en contra de la arrogancia humana. Los científicos propusieron nuevas teorías acerca de meteoritos y del calentamiento global y los "expertos políticos" culparon al gobierno y a los legisladores por esta extraña situación.

Nadie sospechó que era un producto de la reunión de las Regiones Horarias y que gracias al voto de una humilde Región se había frustrado un intento de cambiar la conducta del tiempo en la Tierra.

An Unexpected Fog

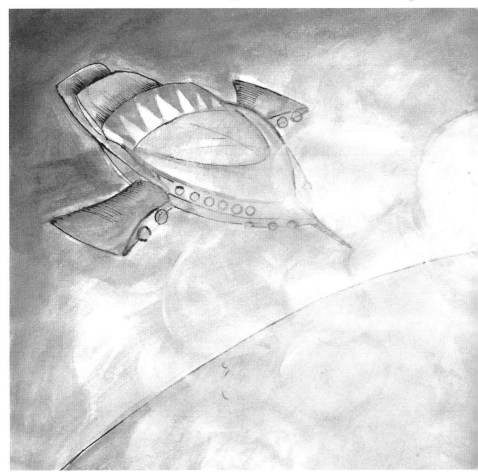

Una Neblina Inesperada

What the heck", shouted Clemens, captain of the spaceship Friendship, when all of a sudden a strange fog began enveloping the ship. He called his lieutenants. No one could ascertain the origin of this hurdle. They checked the latest version of Renaissance, the best of Google's descendants, and it located the cloud near the mysterious planet 2804, within the Sirius ssystem, within the Canis Major constellation.

Soon the fog covered the whole ship and the ship's most advanced instruments acted erratically. They lost all contact with mother Earth

The aim of this voyage was establishing commercial and cultural links with the planet Selidia, with which communications had already started. The ship was heading to Sirius system, in the Canis constellation.

¡Qué diablos! gritó Clemens, comandante de la nave espacial 'Friendship', cuando repentinamente una extraña densa neblina comenzó envolviendo la nave. Llamó a su tripulación y nadie pudo determinar el origen de este obstáculo. Consultaron Renaissance –la versión moderna de Google- que les informó de la ubicación: cerca del misterioso planeta 2804, dentro del sistema de Sirio, en la constelacion El Can Mayor.

Pronto la neblina cubrió totalmente al navío y los ultra sensibles y modernos instrumentos comenzaron a funcionar erráticamente, perdiendo todo contacto con la madre Tierra.

El propósito de la travesía era establecer vínculos comerciales y culturales con Selidia, con la que ya existían comunicaciones. La nave tenía que llegar a Selidia, dentro de la constelación Orión.

The fifty crew members comprised a kaleidoscope of nationalities and religions. The majority were heterosexual and homosexual couples. Two of the women were pregnant and expected to give birth in Selidia. They speculated about whether the babies would be called Selidians.

There were some bachelors, widows and widowers, like Clemens. He had been born in Europe, but felt Universal since he had lived in several countries. This was his most important mission.

After several minutes of consternation rising to fear, a human face appeared on the big screen. She instructed them to land on planet 2804 and remain there until the cloud disappeared. What a surprise! Renaissance did not refer to the planet as being inhabited.

Landing was not difficult and the crew was happy to be welcomed by human beings, who happened to be native earthlings deserting their spacecrafts.

Immediately following the outdoors reception, Ben Varson, the planet's president, invited the captain to a private meeting. Clemens observed that the middle size room was decorated with impressionists. A soft music filled his ears. Debussy, he thought?

Varson perceived Clemens observations "We like paintings and music from past centuries"

"Would you like to try our own coffee"?

The beverage invigorated Clemens. "What is the origin of your planet"?

"Thirty years ago, a group of scientists, including myself, decided to create a new haven without pollution, corruption, violence and other plagues affecting the earth"

Clemens sipped some coffee: "Would you say this is the perfect place to live"?

Los cincuenta tripulantes de la nave componían un kaleidoscopio de nacionalidades y religiones. La mayoría eran parejas hétero y homosexuales. Dos de las mujeres esperaban dar a luz en Selidia y especulaban acerca del gentilicio de los bebés: ¿se llamarían selidianos o selidiences?

Había algunos solteros o viudos, como Clemens. Aunque nacido en Europa, él se sentía universal por haber residido en un sinnúmero de países. Esta era su misión más importante.

Para alivio de los tripulantes, un rostro humano apareció en la gran pantalla, dándoles instrucciones para aterrizar en el planeta 2804 y quedarse ahí hasta que desapareciera la nube. Una gran sorpresa ya que según Renaissance ese planeta no estaba habitado.

No fue difícil aterrizar y seres humanos los recibieron cordialmente. Les explicaron que eran terrícolas desertores de sus navíos espaciales.

Luego de la recepción en el aeropuerto, Varson, el presidente del planeta invitó al capitán a un encuentro privado. Clemens observó que el cuarto de mediano tamaño estaba decorado con impresionistas. Una música suave llenó sus oídos. ¿Debussy?, pensó.

Varson percibió las observaciones de Clemens. -Preferimos las pinturas y la música de siglos pasados

- ¿Le gustaría probar el café que preparamos?

La bebida energizó a Clemens. - ¿Cuál es el origen de este planeta?

-Hace treinta años, un grupo de científicos, incluyendo a mi mismo, decidimos crear un refugio sin la contaminación, corrupción, violencia y otras pestes que afectan a la Tierra.

Clemens sorbió un poco de café - ¿Según usted, éste sería el lugar ideal para vivir?

"Not yet, we are still in the process of developing an appropriate ecosystem for human beings".

"Thanks for your hospitality, but how long you think we will have to stay here"?

. "It should be a matter of days," forecasted the president. Varson assured Clemens that the planet would enjoy hosting the newcomers until the cloud faded away.

'Varson's soft voice is pleasant until he displays a crooked and unsettling smile' – reflected Clemens.

A big party ensued and the planet inhabitants pampered the crew with some of the most delicious vegetarian dishes. Afterwards the guests were led to splendid rooms. A crewmember asked whether they would have "multi" in the room, that is, the gadget that combines TV, computers, A/C Heating, and visual trips, and the smiling hostess replied, "You betcha."

The next and subsequent days, the hosts multiplied their attentions, with food, tours, shows and all kind of entertainments. The guests particularly liked the tour of the main city, with its artificial lakes and parks, plus impressive libraries, museums and other public buildings.

Clemens noticed that his people were becoming lazy and complacent. He had the annoying sensation of being imprisoned inside a golden cage, and wondered how the whole matter would end.

He was pondering what to do, particularly since he had no objective information to support his intuition. In these difficult moments he terribly missed his late wife, with whom he shared his concerns. The deep ruminations were interrupted by Langus, the small, chubby red-head expert in planetary languages, who requested an urgent encounter. After verifying that there were not being listened to or watched, Langus took off his glasses and wiped them, before questioning:

-No todavía. Aún estamos desarrollando un ecosistema adecuado para los seres humanos.

-Gracias por su hospitalidad, pero ¿hasta cuándo nos tendríamos que quedar aquí?

-Posiblemente algunos días, manifestó el presidente. Varson le aseguró a Clemens que sería un honor para 2804 alojar a la tripulación hasta que se despejara el firmamento.

Varson posee una voz suave y agradable, hasta que despliega su torcida e inquietante sonrisa, reflexionó Clemens.

Tan pronto finalizó el encuentro, los anfitriones agasajaron a los tripulantes con algunos de los platos vegetarianos más deliciosos que jamás habían probado. Luego los llevaron a lujosos dormitorios. Uno de los huéspedes preguntó si habría 'multi' en el cuarto, o sea, el artefacto controlador de todos los electrónicos, comprendiendo la temperatura y los viajes visuales. La pronta respuesta fue 'por supuesto'.

En los días siguientes, los habitantes multiplicaron sus atenciones, con excelente comida, espectáculos y toda clase de entretenciones. Les gustó especialmente el recorrido de la ciudad principal, con sus lagos y parques artificiales, como asimismo las enormes y modernas bibliotecas, museos y otros edificios públicos.

Clemens notó que sus subordinados se estaban poniendo flojos y complacientes. Tuvo la sensación de estar preso en una jaula de oro y se preguntaba como terminaría esta situación.

Estaba pensando sobre que medidas habría que tomar, ya que no poseía una información objetiva que apoyara su intuición. En esos difíciles momentos, extrañaba enormemente a su fallecida esposa, con quien compartía sus preocupaciones. Estas profundas cavilaciones fueron interrumpidas por Langus, el gordito y bajito pelirrojo, experto en idiomas terrícolas y planetarios. En voz baja, le expresó a Clemens que quería revelarle algo importante. Con extremo cuidado de no ser escuchado, Langus limpió sus anteojos y comenzó con una pregunta.

"Clemens, have you noticed that the planet's people speak in English to us but they speak a different language among them?"

"Yes I have. Have you been able to figure out what they say?"

"I think I can and that concerns me. They frequently use the expression 'Feeduell ar faudochi' and I have translated it as 'feed well our food'. The word 'Feeduell' is really a corruption of 'feed well' and 'faudochi' is a corruption of 'food' with a dash of Italian."

Clemens's eyes opened as wide as an interplanetary conference mission.

"Don't tell me that we are their food," he said with a gasp.

"That is precisely what I mean."

At that moment, a host entered the room. Clemens had to change the conversation and adjust his facial expression. When they were alone again, Clemens added in a whisper,

"And that is the reason why we are so coddled?"

Langus nodded, adding,

"Have you realized that we have been offered only grains and vegetables? Maybe it is because they want to feed us like pigs before eating us. I have the hunch they are cannibals."

Clemens trusted Langus hunches.

"Let's talk to Maimonia," he suggested.

Maimonia, the physician and nutritionist with multinational features was briefed about the conversation. She agreed with Langus.

- ¿Has notado que los habitantes del planeta hablan inglés con nosotros, pero utilizan otro idioma cuando parlotean entre ellos?

-Sí, lo he notado. ¿Has podido descifrar lo que ellos dicen?

-Creo que sí y me tiene muy preocupado. Ellos emplean frecuentemente la expresión 'Feeduell ar faudochi', una corrupción del inglés, con unas gotas de italiano. Significa 'alimentemos bien a nuestra comida'. La palabra Feeduell se deriva del inglés 'feed well' y 'fadouchi' del ingles 'food'.

Los ojos de Clemens se dilataron tan ampliamente como una sala de conferencia interplanetaria.

- ¿No querrás decir que nosotros constituiríamos su comida?, preguntó inquieto.

-Es precisamente mi conclusión.

En ese momento, un anfitrión entró a la sala. Clemens tuvo que cambiar rápidamente la conversación y ajustar su expresión. Tan pronto estuvieron solos, cuchicheó a Langus

- ¿Así que por eso nos tratan tan bien?

El lingüista agregó otro factor

- ¿Has observado que sólo nos han proporcionado platos que contienen granos y verduras? Posiblemente nos quieren alimentar como a cerdos, para tenernos más sabrosos antes de comernos. Tengo el pálpito de que son caníbales.

Clemens confiaba en las corazonadas de Langus.

-Hablemos con Maimonia, propuso.

Maimonia era la médico y nutricionista de la nave. Sus rasgos revelaban multitud de razas. Le informaron acerca de la conversación y estuvo de acuerdo con Langus.

"The food we are given enhances the flavor of meat, even our own. Besides -she remarked- I have noticed a lack of protein in this planet and I bet that we are already slated to replenish it."

Clemens could not avoid joking, "Sorry chaps, I don't think I will be tasty. I am only bones, nerves and muscles." He touched delicately her hand.

The divorcee Maimonia gave him a tender look and immediately retorted,

"Never forget that the best meat is the one next to the bone and that lots of people enjoy ribs the most!"

"What do we do now?" asked Langus, who was not amused.

Before anyone could answer, a guard who had been watching them, approached. "Is there anything wrong? May we do something for you?"

Maimonia reacted quickly:

"Thanks, but there is nothing you can do. It seems that a couple of our members got the goat flu.

"The goat flu?" Are you sure? You mean the terrible pandemic, worse than the aviary flu and the swine flu?"

"Yes, it is that flu. But I am not sure yet. I can confirm it tomorrow."

"I will have to warn the President," said the guard, exiting in a hurry.

Clemens and Langus were perplexed. "Are you mad? There is not a single case of "goat flu" among our crewmembers."

Maimonia smiled mischievously. "There will be. I beg you to trust me. I think I know how to handle this situation, but I don't want anybody to know. Not even you."

-Los alimentos que nos dan realza el sabor de la carne, incluyendo la nuestra. Además –agregó con énfasis- he notado que les falta proteína en el planeta y seguramente ya nos tienen programados como los proveedores.

Posando delicadamente su mano en la de ella, Clemens intentó bromear:

-Lo siento mis amigos, pero no creo ser cotizado por mi sabor. Soy solo huesos, nervios y músculos.

La divorciada Maimonia le dio una tierna mirada e inmediatamente replicó

-No olvides que la parte más apetitosa de la carne es la que está pegada al hueso y a mucha gente le encanta.

- ¿Qué hacemos ahora?, preguntó Langus, que no sonrió.

En ese instante, uno de los guardias del planeta, que los estaba observando, se les acercó.

-¿Hay algún problema. Podemos ayudarles?

Maimonia reaccionó con rapidez.

-Gracias, aunque no hay nada que puedan hacer. Me parece que un par de nuestros miembros se contagiaron con la 'fiebre caprina'.

-¿La fiebre caprina? ¿Está segura? ¿Se refiere a esta terrible epidemia que es peor que las fiebres aviaria y porcina?

-Sí, ésa es la fiebre de la que hablo, pero aun no estoy totalmente segura. Mañana le confirmo.

-Debo informar al presidente –el guardia salió prontamente del lugar.

Clemens y Langus estaban asombrados con la respuesta de Maimomia

- ¿Estás loca? No hay ningún caso de fiebre caprina entre nosotros.

During the night, Maimonia, clad in her medical outfit, took the spray containing the vaccine she had developed against the "goat flu." She stealthily went to the crewmembers' rooms and spread enough spray onto the sleeping people and herself. She knew that for three days the vaccinated humans would show the same symptoms as the real flu, but without affecting their energy.

Next day, as soon as daylight entered the scene, Maimonia and Clemens were called to a meeting with the president. Maimonia had already briefed Clemens, who nodded and smiled with satisfaction and complicity.

Varson was waiting for them,

"What happened to you?" he asked, frowning and remaining at a safe distance from his sickly looking guests.

Maimonia replied with conviction, "It seems that all of us got the goat flu."

The President consulted his advisors before replying.

"How could you get the flu when you seemed so healthy, and we treated you so well?"

"It is a strange epidemic," replied Maimonia. "The incubation period can last weeks and maybe months, and not even the kind and generous way you treated us could interfere with the development of the virus. But if we stay, we can be cured. Of course," she added in a lowered voice, "there is always the risk of spreading the flu to the entire population." Maimonia assumed that the President knew about how quickly and lethally this flu had already decimated entire towns on Earth.

Maimonia sonrió con picardía.

-Lo habrá. Les ruego que confíen en mi. Yo sé como manejar esta situación, pero no quiero que nadie esté enterado. Ni siquiera ustedes.

En la noche, con su vestimenta médica, Maimonia tomó el atomizador con la vacuna que había desarrollado contra la fiebre caprina. Sigilosamente se dirigió a los dormitorios de los tripulantes y les esparció suficiente vacuna, haciendo lo mismo con ella. Maimonia sabía que, por el lapso de tres días, los vacunados mostrarían idénticos síntomas a la fiebre verdadera, pero conservando la energía.

El próximo día, tan pronto como el alba se adueñó de la escena, Maimona y Clemens fueron requeridos a una reunión con el presidente. Maimonia ya le había informado a Clemens y recibió un asentimiento y sonrisa de satisfacción e íntima complicidad.

Varson, el presidente del planeta los estaba esperando.

- ¿Qué les pasa a ustedes? –preguntó sin acercase, inquieto ante las apariencias de sus huéspedes.

Maimonia respondió sin vacilar -Parece que todos nosotros estamos aquejados con la fiebre caprina.

Después de consultar a sus asesores, el presidente preguntó:

- ¿Cómo es posible que ustedes se enfermaran, cuando parecían tan saludables y los tratamos tan bien?

-Es una epidemia muy extraña -replicó Maimonia- El periodo de incubación puede durar semanas y aún meses, y ni siquiera el modo tan amable y generoso como nos trataron ha podido detener su proceso natural. Si nos quedáramos aquí podríamos sanar (Bajó su voz). Por supuesto que siempre existe el riesgo de esparcir la peste en toda la población. Maimonia supuso que el presidente estaba informado de cuán rápida y letalmente esta epidemia había decimado a varias ciudades en la Tierra.

Again, the dignitary talked to his advisors. They were even more scared than the President himself.

"You cannot stay here," he said. "You should leave at once! Your ship is in excellent condition."

"What about the fog?" asked Clemens.

"It will disappear immediately," responded Varson.

Clemens nodded. He now confirmed his suspicion. This planet had purposely created the haze.

Clemens ordered everybody to embark. The crewmembers obeyed at once, believing that the claws of the ghastly flu had already grabbed them. Terror overcame their disappointment of leaving such a wonderful place.

The ship was in perfect shape, although the visible food had been stolen. Luckily, Maimonia had had the precaution of hiding the condensed meals inside the seats. That would be enough for reaching Selidia.

"Friendship" departed amid the frustration of Varson and all the inhabitants of planet 2804, who watched the coveted proteins gradually disappearing.

El presidente consultó nuevamente a sus consejeros, que estaban todavía más asustados que su jefe.

-No pueden quedarse aquí –exclamó gritando- Deben irse de inmediato. Su nave está en excelentes condiciones.

-No es posible por la niebla –irrumpió Clemens.

-La haremos desaparecer de inmediato.

Clemens asintió. Esa respuesta le confirmó a Clemens su sospecha de que la nube era una creación de los técnicos del planeta.

Luego ordenó que todos tomaran sus equipajes y abordaran de inmediato. Los tripulantes obedecieron sin chistar, creyendo que la temible fiebre los tenía en sus garras. El terror se impuso a la desilusión de abandonar un lugar tan maravilloso.

El navío estaba en perfectas condiciones de manejo. Solamente había desaparecido la comida de los refrigeradores. Afortunadamente, Maimonia había tenido la precaución de esconder los alimentos envasados dentro de los asientos y con eso podrían llegar sin problemas a Selidia.

"Friendship" despegó sin problemas, dejando una estela de frustración en Varson y los habitantes del planeta, quienes observaron como las deseadas proteínas desaparecían gradualmente de su vista.

A Car In Need of a Wash

Un Auto Que Anhelaba Estar Limpio

Three years ago, I came by boat from Japan to this South American country, which I think is called Chile. I am male, although my first name sounds rather feminine in Spanish. To satisfy your curiosity, I am a Toyota Camry. I was born in a factory, four years ago.

My first owner was a young fellow. We ran very fast and he loved passing everybody else. I laughed to myself each time other drivers made obscene gestures or insulted us with their hands, voice and expressions. However, my owner seemed angry when that happened and he would answer in kind.

I also loved the jumps, when we negotiated those speed bumps, – until I began feeling pains in my bones and hips, sorry, in my springs and chassis.

Llegué por barco desde Japón a este país sudamericano, que creo se llama Chile. Aunque mi nombre en castellano parece femenino porque termina en una ¨a¨, les puedo asegurar que soy masculino. Para satisfacer vuestra curiosidad, me llamo Toyota Camry; nací en una fábrica hace cuatro años.

Mi primer dueño era un joven que nunca disminuía la velocidad. Al principio era muy entretenido. A él le encantaba correr rápidamente y adelantar a los demás en la ruta. Yo gozaba viendo los gestos obscenos que le brindaban los otros choferes, insultándonos con manos y expresiones faciales. Mi amo y conductor se enardecía y respondía con más improperios. Tambièn yo disfrutaba con los saltos que dábamos cuando pasábamos esos "lomos de toro", como llaman en Chile a los montículos que obligan a reducir la marcha. Esto duró hasta que comencé a sentir dolores en mis huesos y caderas, perdón en mis resortes y en el chassis.

Lo bueno es que él me lavaba a menudo y yo andaba limpio la mayor parte del tiempo.

One really good thing was that he used to wash me regularly. I was clean most of the time.

In time, this owner's driving became more and more erratic, maybe because of his 'texting' or, who knows, 'even sexting' with his cellphone. One crazy afternoon, we crashed into a tree and I had to be taken to a service center. There, I underwent the most humiliating experience. It was terrible to be inspected from all sides, including being lifted and examined underneath.

To add insult to injury, once this ordeal was over, this owner sold me to a musician, who used me as a taxicab. This guy was a disaster and never sent me to the carwash. He transported all kinds of people, like the drunkard, who, after saying some incoherent phrases, threw up his guts and left the car dirty and reeking of booze and a bad dinner. And then there was the mother who changed her baby's diapers and left the used ones on the back seat. She didn't even wrap them in a bag. Again, it was not a nice experience.

My owner would only smile at those reckless behaviors, maybe because he himself was not a model of decency. He was married but not extremely faithful, and, after finishing his daily routine, he frequently got some feminine company - of ill reputation, I would say.

Of all of the things he did, none was so terrible as when he was with his wife in the front seat and, unbeknownst to her, his girlfriend was in the trunk. As soon as my owner left his wife at home, the girlfriend got out and sat next to him, nice and cozy.

The worst part was how dirty and unpleasant I felt all the time. I hated having repugnant objects inside me, like cigarette butts, beer bottles and used diapers.

Su manejo se puso más y más errático, porque a un mismo tiempo enviaba escritos ("texting") o, peor aún desnudos personales ("sexting") con su teléfono celular. Un buen día me incrustó contra un árbol y para curarme debió llevarme a un taller mecánico, en donde sufrí la experiencia más humillante de mi vida. Fue terrible que me registraran por todos lados y –horror- que me alzaran y me examinaran por debajo.

Cuando terminaron estas penurias, me vendió a un músico quien me puso a trabajar de taxi. Este tipo fue un desastre: nunca me bañó. Me obligó a acarrear toda clase de gente, como el borracho aquél, que después de decir unas frases incoherentes, vomitó y me ensució, dejándome hediondo a trago y a una mala comida. Y en mi interior, a una mamá se le ocurrió cambiarle el pañal a su bebé y dejó el sucio en el asiento trasero. ¡Ni siquiera tuvo la decencia de meterlo en una bolsa! Repito, no fue para nada una experiencia agradable.

Mi dueño solamente sonreía ante estas conductas impropias, posiblemente porque él tampoco era un modelo de recato. Era casado pero no muy fiel. Después de finalizar su rutina diaria, frecuentemente conseguía alguna compañía femenina -yo diría que todas de dudosa reputación-.

Entre todas las sinvergüenzuras que hacía, ninguna fue más terrible que la vez que llevaba a su esposa en el asiento delantero y, sin que ella supiera, una de sus ¨amiguitas¨ permanecía oculta en mi maleta. Tan pronto dejó a su mujer en casa, sacó a la otra fulanita y la sentó a su lado, como si nada.

Lo peor y denigrante de toda esta historia, es cuan sucio e inconfortable me sentía todo el tiempo. Me cargaba llevar todo el tiempo objetos repugnantes en mi interior, como colillas de cigarrillos, latas de cerveza y hasta pañales sucios.

To cope with my depression, I spoke with my neighbors in the parking lot of my owner's building. There, I met other members of my Toyota family, other Japanese friends, and nice fellow cars of other nationalities.

Then I noticed Austin. She was facing me, only five spots away. Austin was her family name and her first name was Mini. She was blue and the most adorable creature I had ever seen.

Austin was so cute! I loved watching her wiggling the hips, I mean her trunk, and the way her windshield wipers danced rhythmically, as if following a minuet or another slow dance. Austin Mini was particularly lovely at night – then she would open her headlights with that intense beam that seemed to light up the whole town. I fell in love as soon as I met her. Alas, she did not even acknowledge me. Maybe it was because I reeked and was disheveled all the time.

I tried to figure out how to approach her. Thanks to my friends and family, I learned that Austin loved visiting the zoo and was particularly enthusiastic about the bears. So, I sent her a message, via those air waves that only cars know how to use. I said: "Black and Blue go the zoo, to see the polar bear." She looked at me with disdain and did not answer.

After many months of suffering my own stench and my yearning for that little blue wonder, my owner became bankrupt and had to sell me. In a stroke of luck, I was bought by a neighbor. The buyer, who is still my owner, is a conscientious guy: at once he took me to the carwash. There, I was cleaned inside out and top to bottom.   The carwash workers did not overlook even a centimeter and left me spotless. What a great feeling! I felt so much better and, more importantly, I could aspire to Blue's affection.

Another lucky shot was that I got to be in the parking spot next to Austin, who, this time, did greet me. I was sure that being neat and clean was the reason for her new attitude.

Para sobrellevar mi depresión, hablaba con los autos vecinos del estacionamiento de mi amo. Allí llegué a conocer a varios miembros de mi familia Toyota y a otros amigos japoneses. También trabé amistad con carros de otras nacionalidades.

Fue entonces cuando me fijé en una belleza. Ella se situaba enfrente mío, cinco puestos mas hacia la derecha. Austin era su apellido y Mini su nombre de pila. Vestida de azul era la criatura mas adorable que en mi perra vida había visto.

¡Mini Austin lucía guapísima! Me encantaba verla contoneando sus caderas, quiero decir, su maleta. Y, ¡cómo hacía bailar rítmicamente sus limpiaparabrisas!, como al ritmo de un minué. Por las noches Mini tenía un encanto especial, ella abría sus faros para destellar rayos de intensa luz que parecían iluminar toda la ciudad. Me enamoré de ella tan pronto la conocí. ¡Qué pena que ella ni siquiera se daba cuenta de mi existencia! ¿Quizá porque yo hedía y andaba constantemente desastrado?

Me las ingenié para hacerle una propuesta. Gracias a mis amigos y a los miembros de mi familia, me enteré que a Mini le encantaba que la llevaran al zoológico ya que los osos le entusiasmaban muchísimo. Así es que le envié un mensaje a través de las ondas aéreas, las cuales solo conocemos los autos. El mensaje decía: "Negro y azul vamos juntos al zoológico a ver los osos polares". Ella me miró con desdén y no respondió.

Después de meses de sufrimiento, por mi hedor y mi amor no correspondido por la graciosa maravilla azul, tuve la suerte de que mi propietario se declarara en bancarrota y tuviera que venderme. Aunque sucio y fétido, tuve la suerte de que me comprara un vecino. El comprador, mi dueño hasta hoy, es un tipo juicioso: lo primero que hizo fue llevarme a lavar, para que me limpiaran como Dios manda, por fuera y por dentro. ¡Qué gran sensación! Pensé que Mini, la señorita azul, de ahora en adelante podría favorecerme.

Otra venturosa casualidad fue que quedé estacionado al lado de Mini. Vaya sorpresa, ella comenzó a saludarme. No me cabe duda de que, por estar ahora limpio y ordenado, ella cambió de actitud.

But, as luck would have it, my joy at being next to her only lasted a short time. Just a few days after I got all spruced up, the other place next to Blue was occupied by a pompous and conceited Ferrari, which captured her attention. Blue ignored me once more.

My desolation showed in strange symptoms. My heart, that is to say engine, began failing: the valves malfunctioned and the muffler became erratic, as if constipated. I was taken to several doctors, that is, mechanics, but no one could find the cause of the symptoms.

I was in this state for weeks. My owner had no idea what to do.

One day, I realized that, contrary to the other days, Austin looked at me with tenderness. She let me know that the Ferrari was only a fleeting interest and she could not bear his arrogance any longer.

Wow, she was eager to have me as a close friend. Adding to my surprise, Austin completed and transformed the message I had sent some weeks ago into a melody, following Jack and Jill music. She sang, coquettishly, "Black and Blue go to the zoo, to see the polar bear. Black likes Blue, she likes him too, for he is so sweet and fair." I couldn't resist the urge to answer right back, so I said, "I love you so much!" in my car language.

She winked and responded that she also loved me. That caused my battery to pound so fast that I thought it would explode, but nothing bad happened.

I felt so happy to know of Austin's feelings toward me that all my systems worked normally again. My owner was relieved to realize how smoothly I was running.

Since then, every day I think about how blessed I am to be washed regularly and have "my" Blue Austin parked next to me.

Mi alegría por estar junto a ella duró muy poco. Tan solo unos días después de haberme acicalado, el pomposo y vanidoso Ferrari se vino a instalar al otro lado de mi codiciada Azul. Ese presuntuoso acaparó toda su atención.

Quedé desolado y mi pena derivó en extraños síntomas. Mi corazón, vale decir mi motor, comenzó a fallar; mis válvulas se obstruyeron, mi tubo de escape se comportó erráticamente, como si estuviera constipado. Me llevaron a varios talleres médicos, más bien mecánicos, pero ninguno dio con el origen de mis problemas.

Estuve por semanas en este deplorable estado y mi dueño no sabía qué hacer.

Un día noté que con Mini algo había cambiado. Me observaba por primera vez con ternura y me dejó saber que el Ferrari había sido un interés meramente pasajero. Ella no pudo seguir tolerando su arrogancia.

Ahora quería tenerme de amigo cercano. Para mi gran sorpresa, Mini transformó el mensaje que yo le había enviado hacía algunos días en una cancioncita. Cantó coquetamente -siguiendo la melodía de ¨Jack and Jill¨-: "Toyota y yo vamos al zoo para ver los osos…. Le gusto yo, me gusta él, que es dulce y cariñoso". No pude resistir decirle cuánto la quería, lógicamente que en mi idioma automovilístico.

Ella me guiñó uno de sus focos en señal de que también me quería. De repente noté que mi batería funcionaba aceleradamente, tanto es así que pensé que yo iba a explotar. Pero menos mal que no pasó nada.

Estaba tan contento de saber que Mini correspondía mis sentimientos hacia ella, que todos mis sistemas empezaron de nuevo a marchar normalmente. Mi dueño se veía aliviado de ver que yo había recobrado mis fuerzas.

Me siento tan afortunado de estar limpio todo el tiempo y, sobre todo, de que ¨mi¨ Mini azul se estacione al lado mío.

Autumn and Winter

Otoño e Invierno

Zon, the almighty god of weather, was in a bad mood. His cloud was leaking and needed urgent repair. If that wasn't enough, he also could not control his four oldest children: Sun, Rain, Wind and Lightning Thunder (LT).

Against Zon's commands, Sun was throwing even warmer sun rays, scorching the Earth, and thus helping those idiot human beings destroy their own planet. On their part, Rain, Wind and LT were becoming extremely erratic: at times stingy with their rains and winds and on other occasions spewing massive quantities of water and causing areas to flood. The worst part was when Rain and Wind acted in conjunction, releasing their energies in the forms of tsunamis, tornados, hurricanes and other niceties. LT provided illumination and sound effects. Sometimes, LT also caused fires.

Zon, el todopoderoso dios del clima estaba de mal humor. Su nube necesitaba urgente reparación y además no podía controlar a sus hijos mayores: Sol, Lluvia, Viento y RayoTrueno.

Desobedeciendo a Zon, Sol estaba quemando la Tierra con temperaturas cada vez más fuertes, cooperando con los idiotas humanos en la destrucción de su propio planeta. De su parte, Lluvia, Viento y RayoTrueno) se comportaban de un modo extremadamente errático: a ratos mezquinando sus lluvias y vientos y, en otras ocasiones, derrochando agua y causando inundación en regiones enteras. Lo peor ocurría cuando Lluvia y Viento actuaban en conjunto, utilizando sus energías para crear tsunamis, tornados, huracanes y otros jueguitos. RayoTrueno proporcionaba la iluminación y los efectos sonoros.

Those were just hassles, in comparison with the problems he was suffering from Autumn and Winter, two of his four younger children. The other two, Summer and Spring, were somewhat easier to be around. Spring was delicate and charming, always joyful and positive. Summer was a different thing. He appeared soft when began his shift, but could become very rude and cause severe droughts, especially when supported by Sun. But Summer was honest and Zon appreciated it.

Zon finished his breakfast made of snow flakes and morning dew. It was not tasty, and he would rather have some dark matter and milky way, but his wife Equanima had him on a diet. Equanima, the goddess of justice, had convinced him that watching a diet, rich in fiber, was fundamental to stay in physical and mental shape, the key ingredients of a balanced decision making process.

The super god tried to be impartial, but it was difficult for him to cope with his children Autumn and Winter, whom he considered very flawed. Maybe the maternal genes? reflected. He found Autumn to be arrogant, always bragging about producing the beautiful colors of leaves on Earth.

Zon felt pity for Winter, perceiving him to be gloomy and frequently depressed. He hated seeing Winter almost always clad in white and could not help noticing the monotony of the many white clouds in the sky and then again this vapid color on Earth during Winter's kingdom.

Zon was not a good mediator, and he finally yielded to Equanima on the issue of ending the continuous squabbles between Autumn and Winter. He needed to be prepared to listen to both of them and to judge fairly, Equanima coached him thoroughly throughout the whole process, reminding him about famous judges like Salomon, who had been so famous on Earth and now was a Heaven advisor.

Lo anterior era poca cosa si se le comparaba con los dolores de cabeza que le proporcionaban Otoño e Invierno, dos de sus cuatro hijos menores. Los otros dos: Verano y Primavera, eran menos complicados. Primavera, delicada y encantadora, estaba siempre alegre y positiva. El otro hijo, Verano, era muy diferente. Siempre comenzaba con suavidad, volviéndose muy rudo en ciertas ocasiones, con lo que causaba tremendas sequías, particularmente cuando lo apoyaba Sol. Pero Verano era honesto y Zon apreciaba esa cualidad.

Zon finalizó su desayuno de copos de nieve y rocío matinal. No eran sabrosos y preferiría degustar algo de materia oscura y de vía láctea, pero su esposa Ecuánima, la diosa de justicia, cuidaba de que mantuviera una dieta rica en fibra. Zon reclamaba, pero se daba cuenta que eso lo ayudaba a estar en buena forma y a mejorar su capacidad de tomar decisiones.

Al gran dios le era muy difícil soportar a Otoño y a Invierno, a quienes consideraba irresponsables. Posiblemente son los genes maternos, se dijo para sí. Le irritaba Otoño por su arrogancia y fanfarronería, todo el tiempo pavoneándose de los bonitos colores con que decoraba las hojas de los árboles.

Por Invierno sentía algo de compasión, percibiéndolo como sombrío y deprimido. Se preguntaba porqué vestía frecuentemente de blanco y causaba tanto aburrimiento en la vida terrenal, durante su periodo de dominio.

Lo peor era la constante rivalidad entre esos dos entes. A su modo, cada uno sentía que era más importante que el otro para el bienestar de la Tierra.

Zon no era un buen mediador y finalmente aceptó que Ecuánima jugara un rol decisivo para dirimir el constante roce entre Otoño e Invierno. Necesitaba estar muy preparado para escuchar a los dos hijos y tomar una decisión, por lo que Ecuánima lo adiestró en todos los aspectos del proceso, utilizando ejemplos de famosos jueces de la historia, como Salomón, actualmente contratado por el Cielo.

When he felt he was up to the task, he tossed a hail (heaven's coin) and Autumn was the first to be convened to a personal meeting.

Automn arrived. He was clad in a variety of color leaves. Barely hiding an angry undertone, he uttered slowly:

"Father, I cannot stand Winter any longer. He enjoys destroying my beauty, causing me great damage. People love me in my beginnings, but they hate me when Winter approaches. Winter brings cold and misery, particularly to poor people. Moreover, Winter colors are boring, either white or gray. What a difference with me! I possess varied and enticing colors, the inspiration of painters, particularly impressionists. Here is my request, dear father: get rid of Winter and give me his three months. People will adore you for this decision, and I could become even more popular and get more songs, poems and movies dedicated to me. Please father, eliminate Winter and transfer his three months to me. People on Earth will adore you for this decision, and I would be even more popular, being honored with more songs and poems."

Zon listened attentively and sipped some dew before answering.

Sorry to know about your troubles with Winter, but I assume he will bring allegations similar to yours. If that is the case, I will need to talk to your mother and siblings to find out what we can do."

It was now Winter's turn. He was neatly dressed in a combination of snowy and icy white. He also looked relaxed and non confrontational, after rehearsing with Summer, his main support.

"What is the source of your grievance against Autumn?"

Winter responded cautiously, trying to conceal his sarcasm

"You ask about my grievance? Don't you realize all the advantages Autumn has, and how obnoxious he is? For starters, I receive a bitter legacy from him: a climate already deteriorating with an uncertain prognosis.

Cuando se sintió preparado para esa tarea, lanzó un granizo (la moneda del cielo) al aire y Otoño resultó seleccionado para la primera reunión privada.

Otoño llegó vestido con una variedad de hojas de colores. Con un tono de voz que apenas escondía su enojo, enunció calmadamente:

-Padre no puedo soportar más a Invierno. A él le encanta destruir mi belleza, causando grandes daños. La gente me adora en los comienzos de mis tres meses, pero me odia cuando se acerca Invierno. Invierno sólo porta frío y miseria, particularmente para la gente pobre. Además, los colores de Invierno son aburridos, casi siempre en blanco o gris. ¡Qué diferencia conmigo! Yo poseo colores variados y atractivos, que inspiran a pintores, particularmente los impresionistas. He aquí mi solicitud admirado padre: elimina a Invierno y otórgame sus tres meses. El pueblo lo va a idolatrar por esa decisión y yo sería aún más popular, recibiendo más poemas y canciones en mi honor. Por favor padre, elimine a Invierno y transfiérame sus tres meses.

Zon escuchó con atención y sorbió un poco de rocío antes de contestar:

-Siento mucho saber de tus roces con Invierno, pero presumo que él va a aducir razones similares a las tuyas. Si éste es el caso, voy a necesitar conversarlo con tu madre y hermanos para encontrar una solución.

Le correspondía ahora a Invierno. Vestía una combinación de colores nieve e hielo. Contrariamente a su estilo habitual, su traje era perfecto para la ocasión. Se veía relajado, sin agresividad. Para ello se había ensayado con Verano, su principal apoyo.

- ¿Cuál es tu queja en contra de Otoño? –preguntó Zon.

- ¿Ud. padre pregunta acerca de mi reclamo? –dijo Invierno, tratando de esconder su sarcasmo.

Invierno continuó:

-Usted no se da cuenta de todas las ventajas que tiene Otoño y lo

Then I waste lots of time taking care of his mess, particularly those tons of leaves on the soil, and by the time I begin improving things, Spring takes over."

"Are you then angry at Spring as well?"

"No, she is charming and cooperative. Everybody loves her."

"Not everybody hates you, my son. In fact, without you, there would be no polar bears and skiers. You are also needed to improve oxygen in the air."

"That is true, father, and you can add that I contribute to the killing of harmful insects, and to the improvement of economies because I create the need of heaters and warm clothes. But still, according to the last poll, 80% of the people hate me."

"And what can I do for you?"

"Very easy, just give me Autumn's three months. Summer will then provide me some of his warm weather and yours and my image will be greatly improved."

As with Autumn, Zon did not give any assurances. After hearing him, Zon convened Equanima and the rest of the children, in search of a fair solution. The children were profoundly divided. Summer supported Winter, and Spring supported Autumn, although not strongly. Among the oldest children, Sun and Rain stood with Autumn, while Wind and LT tilted toward Winter. There seemed not to be any agreement in the horizon.

Then Equanima intervened

"I spoke with professor Chronos, our special advisor, and he told me that, according to our constitution and our covenant with human beings, it is not possible to change the time allowed to our children, known as seasons by earthlings. Nevertheless, we can give each one different parts of

difícil que es tratar con él. Para comenzar, siempre recibo un legado amargo: un clima que ya se está deteriorando con un incierto futuro. Luego pierdo mucho tiempo ocupándome del desorden que él deja, particularmente esas toneladas de hojas en el suelo y cuando estoy a punto de mejorar todo, es el turno de Primavera

- ¿También estás enojado con Primavera?

-No, ella es encantadora y cooperadora. Todos la queremos.

-Tampoco todos te odian a ti, hijo mío. De hecho, si no existieras no habría ni osos polares ni esquiadores. También tú ayudas a mejorar el oxígeno en el aire.

-Eso es cierto padre y Ud. podría también agregar que yo contribuyo a eliminar insectos y pestes dañinas y a mejorar las economías, porque he creado la necesidad de calefactores y trajes térmicos. Pero, aún, de acuerdo a las últimas estadísticas, cerca de 80% de la gente en la Tierra todavía me odian.

- ¿Y qué puedo hacer por ti?

-Algo muy fácil. Solamente deme los tres meses de Otoño. Verano me proporcionaría un poco de su tiempo caluroso y vuestra imagen y la mía van a mejorar sustancialmente.

Tal como con Otoño, Zon no se comprometió, pero inmediatamente convocó a Ecuánima y el resto de los hijos para buscar una solución. Ellos estaban muy divididos: Verano apoyaba a Invierno, y Primavera a Otoño, aunque no tan decididamente. Entre los hijos mayores, Sol y Lluvia estaban con Otoño, mientras que Viento y RayoTrueno se inclinaban hacia Invierno. No se percibía una solución al corto plazo.

Entonces intervino Ecuánima.

-Hablé con el profesor Cronos, nuestro asesor especial y me recordó que, de acuerdo con nuestra constitución y nuestro pacto con los seres humanos, no es posible cambiar el lapso que le otorgamos a nuestros hijos, que los terrícolas conocen como estaciones. No obstante,

Earth, where each will have the possibility of exerting more authority. As an example, Summer can prevail on places near the Equatorial line, and in underground. Winter may have more authority within the Poles and the Heights. Spring and Autumn will have more power on fertile valleys and places in between the Poles and the Equatorial line. All of them will have to negotiate with Sun, Rain, Wind and LT in order to provide the right balance to the Earth."

As soon as she ended, the discussion reinitiated, but now it was clear to everybody that seasons could not be changed, nor distorted. No one was entirely pleased with Equanima's solution, but they finally reached the verdict that there was no better alternative.

That explains why we still have the ancient four seasons and why we have some days in Winter that look like Spring, or in Autumn that should be Summer. It is because seasons, like human beings, can seemingly agree on something, but they will continue "pushing the envelope" in order to get a "portion of the cake" belonging to somebody else.

podemos otorgar a cada uno, diferentes partes de la Tierra, donde tendrán la posibilidad de ejercer más autoridad. Por ejemplo, Verano puede predominar en lugares cercanos a la línea ecuatorial y en las profundidades de la Tierra. Invierno tendría hegemonía en los Polos y en las Alturas. Primavera y Otoño tendrían sumo poder en los valles fértiles y en los lugares entre los polos y la línea ecuatorial. Todos ellos negociarían con Sol, Viento, Lluvia y RT para proveer un justo equilibrio en la Tierra.

Tan pronto como terminó de hablar, la discusión se reinició, pero ahora quedó en claro que no se podría cambiar los periodos o estaciones de los litigantes. Ninguno quedó totalmente satisfecho con la solución de Ecuánima, aunque finalmente estuvieron de acuerdo en que no había mejor alternativa.

Eso explica porque todavía persisten las tradicionales y antiguas cuatro estaciones. También nos ayuda a comprender la existencia de días en invierno que parecen de primavera, o en Otoño que podrían ser de verano. La razón es simple: las estaciones, tal como los seres humanos, actúan en principio como si se atuvieran a lo que han acordado, pero continúan "estirando la cuerda" para obtener un "pedazo del pastel" que le pertenece a otro.

Andrea and the Lion

Andrea y el León

A long time ago, when Tom met Andrea, he was mesmerized. Even though he worked as a translator and knew words galore, he could not find the proper adjectives to describe her. He could not stop thinking about her charm and beauty, those almond shaped green eyes and the grace of her ballerina like movements.

When properly introduced, he could not avoid showering her with flattery in an assortment of languages. He knew that his own looks, even if he did resemble Rodolfo Valentino, would not be enough to attract such a woman.

"Chihuahua! You are so guapisima, bellisima, trop belle, schone, jatija, mooie," he gushed.

She had never heard those compliments and asked for translations. She was amused and moved at Tom's efforts.

H ace muchos años, cuando Tomás conoció a Andrea, quedó hechizado. Aunque trabajaba de traductor y sabía miles de palabras, le era imposible encontrar los adjetivos apropiados para describirla. No podía dejar de pensar en su encanto y belleza, en esos enormes y almendrados ojos verdes y la gracia de sus movimientos de bailarina.

Una vez presentados formalmente, no pudo contener sus ganas de piropearla en un surtido impresionante de idiomas. Él era consciente de que, aunque se parecía a Rodolfo Valentino, su apostura no bastaría para atraer a una mujer como ella.

– ¡Chihuahua!, eres guapísima, *bellisima, trop belle, schone, jatija, mooie* –fueron algunos de los términos que brotaron de sus labios.

Ella nunca había escuchado tales cumplidos y pidió que se los tradujeran. Los halagos de Tom la divirtieron y conmovieron.

"You know how to touch a woman's heart," she said.

"Chihuahua, how about dinner tonight?"

"With pleasure," was her immediate response.

Soon they got married and discovered that both loved watching animals, particularly felines. One day, during breakfast, Tom noticed something interesting in the newspaper.

"Andrea, the zoo just got a new lion. It is described as imposing."

"Let's go tomorrow. It's Saturday and neither of us works," she said with enthusiasm. She worked in the movie business and was happy to have a day off to spend with Tom.

The zoo was full of people, but Andrea was able to approach the den's bars. The animal was magnificent, with a wonderful red mane. He came closer as soon as he noticed her. Flattered by this acknowledgement, she gave the animal a tender look.

Up to that moment, the animal had been rather arrogant and indifferent to the public's admiration. But suddenly he went berserk and started doing strange things such as dancing, even singing, then somersaults and the inverted position with only one paw on the floor, while watching Andrea with the corner of the eyes.

The spectators clapped and the other animals, thrilled by their talented king, began shouting, in their own language "Go lion, go; go lion go."

The lion then got even closer to Andrea, looked directly at her, and roared in a very unique manner, as he had never done before. Translated from "lionish" he said "I like you baby."

–Sabes cómo conquistar el corazón de una mujer –le dijo.

–Chihuahua, ¿cenarías conmigo esta noche?

– ¡Encantada! –respondió ella sin titubear.

Pronto se casaron y descubrieron que a ambos les encantaba observar animales, en especial felinos. Una mañana mientras tomaban desayuno, Tom reparó en algo de gran interés en el periódico.

–Andrea, el zoológico acaba de adquirir un nuevo león. Lo describen como imponente.

–Vamos mañana a verlo –propuso ella entusiasmada–. Mañana es sábado y a ninguno de los dos nos toca trabajar. Andrea estaba empleada en una empresa cinematográfica y nada la complacía más que pasar su día libre con Tom.

Por el zoológico paseaba muchísima gente; sin embargo, Andrea pudo acercarse a la guarida del león. Ahí estaba el magnífico animal, luciendo una impresionante melena roja. El león se acercó a Andrea apenas notó su presencia. Halagada por este reconocimiento, Andrea lo miró con ternura.

Hasta este instante, el animal se había mostrado arrogante e impasible ante la admiración del público. Pero de pronto enloqueció y comenzó a hacer movimientos inesperados: a bailar y hasta cantar, saltos acrobáticos, luego vueltas de carnero y la posición invertida con una sola garra en el suelo. Durante todas sus maromas observaba a Andrea de soslayo.

Los espectadores aplaudían y los otros animales, estimulados por el talentoso soberano, gritaban en sus propias lenguas: "¡Viva el león, viva el león!"

Después de sus maromas, el león se acercó aun mas a Andrea y rugió de una manera muy especial, como nunca antes lo había hecho. Traducido del lenguaje leonino, parecía decir: "Me gustas…, preciosa".

Andrea was delighted at this display of affection from such a gorgeous animal.

"You are so cute!" she said.

"Stupid lion," retorted a jealous and furious Tom.

He had never been this angry before. But now he was furious. After all, who can compete against a magnificent lion?

Tom was arranged a meeting with the zoo manager.

The manager welcomed him with a broad smile,

"What an excellent show! Excellent, unique. Don't you think?"

"You call excellent an idiot lion, who lacks dignity, and even tried to make a pass at my Chihuahua?"

The manager turned serious.

"Pets are not allowed in the zoo."

"You don't understand. Chihuahua is my wife."

"Are you married to a dog?"

Suddenly, Andrea entered the room, with her elegant gait.

"She is my wife, my Chihuahua," said Tom pointing to her.

"In that case I understand the lion, your wife is spectacular."

And the manager also started dancing.

"Enough is enough! I demand compensation from the zoo!" shouted a very annoyed Tom.

"Calm down, I feel your pain and I have a proposal for both of you."

Andrea se mostró encantada ante esta muestra de afecto de parte de tan magnífico animal.

– ¡Eres guapísimo! –exclamó ella.

– ¡Que león más estúpido! –refunfuñó con furia un celoso Tom.

Nunca antes había estado tan enojado. Ahora estaba fuera de si. Tras ese sensacional despliegue, ¿quién podía siquiera competir con un león tan majestuoso?

Tomás se las arregló para conseguir una entrevista con el administrador del zoológico.

Éste lo recibió con una ancha sonrisa.

– ¿Qué le pareció el espectáculo? Estupendo, algo único, ¿no cree usted?

– ¿Usted le llama excelente a un león idiota, sin dignidad, que tuvo la desfachatez de intentar seducir a mi Chihuahua?

El director se demudó:

Mire, partamos de la base de que está prohibida la entrada de mascotas al zoológico¨.

–Usted, señor, no comprende. Chihuahua es mi esposa –le aclaró.

– ¿Está Ud. casado con una perrita?

En ese instante, premunida de su garbo habitual, Andrea entró a la sala.

Tomás la señaló con el dedo para aclarar: -Ella, ella es mi Chihuahua, mi esposa.

–Vaya, en este caso comprendo al león. Su esposa ¡es espectacular!

Y acto seguido el administrador se puso de pie a danzar como el león.

–Esto sí que rebasa el vaso y el zoológico tiene que compensarme– manifestó Tomás, visiblemente ofuscado.

Andrea and Tom liked the manager's proposal and one month later they produced a show called "Dancing with the lion." It was an immediate success but it fizzled after one month when the lion could not dance the tango.

By then, Andrea and Tom had become friends with the lion and tried to help him find another job. Tom cooperated actively, since the lion wouldn't make passes at Andrea during working hours.

They tried to place him in musicals, but his singing and dancing were mediocre at best. They attempted to place the animal in other movies, too, but his acting abilities soon reached their limit.

Nevertheless, thanks to Andrea, he got to be well known in the movie circuit. Andrea made sure that the embellished lion's resume circulated among the major personalities and she invited them to watch and hear the roar, the best asset the animal had.

The gesture and the sound were so compelling that, finally, the lion got a gig as a presenter of all the movies of a start up company called Metro Goldwyn Mayer.

–Calma amigo –respondió el director– siento su dolor y tengo una propuesta para ustedes dos.

A Andrea y Tomás les entusiasmó la propuesta y la aceptaron. Un mes mas tarde, dieron a luz un show de televisión que llamaron "Bailando con el león". Se constituyó inmediatamente en un éxito, pero se desinfló después de un mes porque el león nunca pudo bailar bien el tango.

A estas alturas, Andrea y Tom se habían hecho amigos del león y quisieron ayudarlo a encontrar un nuevo empleo. Por lo demás el león había guardado su compostura y no había intentado cautivar a Andrea durante las horas de trabajo.

Trataron de meterlo en musicales, pero el león bailaba y cantaba bastante mal. Intentaron convencer a directores de películas que lo pusieran, a lo mejor, en roles secundarios. Pero no poseía talento de actor.

No obstante, gracias a Andrea, llegó a ser conocido en el circuito cinematográfico. Ella se preocupó de inflar y circular profusamente su currículo profesional entre directores y productores de cine. Los invitaba una y otra vez a mirar y escucharlo rugir.

Su gesto y rugido eran tan impresionantes que, finalmente, fue contratado como presentador de todas las películas de una empresa en ciernes, la Metro Goldwyn Mayer.

Appendix 1/Apéndice 1

Glossary/Glosario

Although the reader could get the Spanish meaning of most of the words and expressions by gleaning from the English version, some of them have been selected for their frequent usage.

Aunque el lector podría obtener el significado en Español de la mayoría de las palabras y expresiones al mirar la version Inglesa (o Española, si aprende inglés), algunas se han selecciónado debido a su uso frecuente.

Cero el Extraño

Alarde : show, display

Apuesto: good looking

Aspavientos : wild gesticulations

Atascar : to block

Diligencias : errands

Espetar: to blurt out

Forastero : foreigner

Fruición : delight

Fuero interno: inner voice, deep down

Jactarse : to boast, brag

Merienda : supper

Mofarse : to make fun of

Palito : short stick

Parlanchina; loudmouth

Prestancia : distinction, poise

Sobremanera : in a big way

Tartamudear : to stutter

La Playa de Invierno

Caer en cuenta: to realize
Compostura: composure
Contonearse : flounce, wiggle
Devaneos: flirts
Hazmerreir: laughingstock
Mordientes: biting
Pasmado: bewildered
Rotundo: decisive
Una suelta: feels no inhibitions, promiscuous
Vil: despicable

Ceylana en Lulea

Degustar: to savor
En un santiamén: in no time
Estar a cargo: to be in charge of
Frisando: coming close to

Un Auto que Anhelaba Estar Limpio

Acaparar(atención): to capture, get all (attention)
Acicalado: spruced
Desastrado: disheveled
Fulanita: brazen woman
Hedor, hedía: stench, reeked
Improperios: insults
Incrustó (árbol): drove into the tree
Lomos de toro: speed bumps
Me cargaba: I couldn't stand
Perra vida: this bitch of a life, crappy life

Otoño e Invierno

Copos de nieve: snow flakes
Dirimir: to settle, resolve
Estirar la cuerda; to push the envelope
Granizo: hail
Mezquinar: to skimp on
Rocío matinal: morning dew
Sorber: to slurp

Lizmeli, la Sombra Afligida

Acera: Sidewalk
Arrodillarse: to kneel, kneel down
Callandito: very quietly
Congéneres: congeners
Corta de genio: shy
Desmesuradamente : excessively
Libaciones: libations
Penurias : shortages, scarcities
Pesquisa: inquiry
Salto: leap, forward leap
Callandito: very quietly
Congéneres: congeners
Corta de genio: shy
Desmesuradamente : excessively
Libaciones: libations
Penurias : shortages, scarcities
Pesquisa: inquiry
Salto: leap, forward leap

Grrk y su Familia

Cosquillas: tickling
Pinceladas: brush-strokes
Refocilaban : enjoyed it hugely
Sobrecogimiento: awe
Testarudo: stubborn

Greenwich y las Zonas Horarias

Abuchear : to boo, jeer
Acotar: to specify
Directamente al grano: straight to the point.
Ora: sometimes
Perjudiciales: harmful, deleterious

Una Neblina Inesperada

Alojar: to accomodate
Anfitrión: host
Corazonada: hunch
Cotizado: reckoned
Cuchichear: to whispepr
Gentilicio: demonym
¿No querrás decir qué…? : Don´t tell me that...?
Refugio: refuge, shelter
Sigilosamente : Stealthily
Sin chistar: Without answering back

Andrea y el León

Ciernes: in its infancy
Cumplido: compliment
Dar a luz: to give birth
Desfachatez: impertinence
Garbo: grace
Maroma: somersault
Ofuscado: bewildered
Rebasar: to overflow
Refunfuñar: to grumble
Saltos acrobáticos: somersaults
Soslayo (de): sideway

Appendix 2/
Apéndice 2

Questionnaire/Cuestionario Para Estudiantes De Español

Below are some questions, to be answered in Spanish. You can develop and answer additional questions.

A continuación, se sugieren algunas preguntas sobre los relatos. Usted puede añadir y contestar preguntas adicionales:

Cero el Extraño

-¿Cómo definiría la relación entre Aritmética y Numberus?

-¿Le parecen adecuadas las personalidades asignadas a cada uno de los números? Si su respuesta es negativa, ¿cuáles serían sus preferencias?

-¿Por qué se dice que Uno es bipolar?

-¿Por qué Ocho es tan arrogante?

-¿Encuentra alguna moraleja en el relato? Si su respuesta es positiva, por favor indíquela y explique porqué?

-¿Cuántos tiempos verbales puede identificar en el cuento?

-Cambie la oración, pero no el significado de "No sé exactamente como voy a contribuir".

-Haga lo mismo con "Abruptamente cesó la conversación".

La Playa de Invierno
-¿Es realista el hecho de encontrar pingüinos en el sur de Chile?
-¿Por qué Emperatriz quiere hablar con el Dr. Donevitch?
-¿Cuál es el significado de infidelidad para Emperatriz?
-Cambie al tiempo imperfecto la oración "vamos con mi esposa e hijo….aunque el agua esté siempre frígida"
-Trate de crear otra version, manteniendo el significado, de la oración "segura de que su pareja la está engañando?

Ceylana en Lulea
-¿Por qué estaban deprimidos los elefantes?
-Además de los elefantes y los otros animales mencionados, conoce Ud. otros de gran inteligencia?
-Altere la oración "En un santiamén……." sin cambiar su significado.
-Cambie al tiempo presente la oración "Regresé a Lulea y constaté que los animales…. más demacrado que de costumbre.

Lizmeli, la Sombra Afligida
-¿Podría decir que la situación de Morlot y su sombra es similar a las de algunas parejas en la vida real?
-¿Qué rol juega la encina en el cuento?
-¿Por qué algunas personas se arrodillaban cuando veían a Lizmeli?
-¿Cuál fué el principal logro de Lizmeli ?
-Cambie al imperfecto "¿Qué puedo hacer? Deseo ser querida, no temida."

Grrrk y su Familia

-¿Qué habilidades tenia Grrrk?

-¿Por qué Grrrk se enamoró de Oooom?

-¿Qué hicieron para defenderse de las leonas?

-Según el cuento, ¿cómo habrían registrado los hijos de Grrrk, las hazañas de su padre?

- Analice los diferentes elementos: verbos, preposiciones, sustantivos, adjetivos, etc.. de la oración: "Habían ensayado varias veces la combinación de sonidos, para gozar de su armonía rudimentaria".

Greenwich y las Zonas Horarias

-¿Qué tipo de estilo o formato se ha elegido para este cuento?

-En este relato hay estereotipos ¿cuáles son?

-¿Se parece esta reunion a otras que se desarrollan en la vida real?

-Cambiar a varios tiempos verbales la oración …"El resto del mundo también se vio afectado por estas emociones extremas". También expresar lo mismo con otras palabras.

Una Neblina Inesperada

-¿Cuál era la mision de la nave especial?

-¿Cómo eran los habitantes del nuevo planeta?

-¿Cómo descubrieron las verdaderas intenciones de los habitantes del nuevo planeta?

-¿Se insinúa algún romance en el relato?

-Utilice otras palabras, pero manteniendo el significado, en la oración "Tuvo la sensación de estar preso en una jaula de oro y se preguntaba como terminaría esta situación". Cambie también los tiempos verbales.

113

Un Auto que Anhelaba Estar Limpio

-¿Cuántos dueños tuvo Toyota y qué personalidades tenían ellos?

-¿Qué parecidos encuentra entre Toyota y un ser humano?

-¿Por qué Toyota anhelaba estar limpio?

-¿Cómo se comunicaba Toyota con Mini?

-Trate de cambiar a su gusto el final del cuento.

Otoño e Invierno

-¿Cuál es el conflicto entre Otoño e Invierno?

-¿Cómo definiría las personalidades de esos dos personajes?

-¿Qué papel juegan Zon y Ecuánima? ¿Algún parecido con el ajedrez?

-¿Cómo se toman las decisiones en el relato?

-Trate de cambiar, con sus palabras, la oración: "Tan pronto como terminó de hablar, la discusión se reinició.

Andrea y el León

-¿Por qué van Andrea y Tomás al zoológico?

-¿Qué cambios sufre el león al ver a Andrea?

-¿Le parece lógico que Tomás se ponga celoso del león?

-¿Qué confusion se produce con la palabra "chihuahua"?

-¿Cómo se pudo conseguir un trabajo para el león?

-Efectúe tantas variaciones como le sea posible a la oración "Andrea se mostró encantada ante esta muestra de afecto de parte de tan magnífico animal"? Por ejemplo, una variación podría comenzar ce con "Esta muestra de afecto…." Utilice sinónimos y cambie los tiempos verbales.

Biographies

S. Gustavo Levy is also the author of "Paris Bien Vale un Telex" and the tango "Ernestina". Both in Spanish. He has written several short stories, in English and Spanish, for the magazine In Touch of the InterAmerican Development Bank Retirees Association (IDBRA). Mr. Levy is a part-time teacher of Spanish for Montgomery College of Maryland. Previously, he worked for United Nations and the IDB in different countries, and presided the Chilean American Foundation. He graduated MPA from Cornell University and has a Commercial Engineer degree from the University of Chile. Also, the Organizational Development certificate from Georgetown University. He is a Toastmaster Gold. Mr. Levy is married, three children. He was born in Chile and lives in Rockville, Maryland, since 1985.

Patrick Garner is an illustrator, cartoonist, and a graphic designer for the U.S. Department of the Treasury. His illustration experience includes The Campaign for Tobacco-Free Kids, Employment Background Investigations Inc., and USFG Insurance. A graduate of Frostburg State University, Mr. Garner is also a Toastmaster CL and an American Institute of Graphic Arts (AIGA) member. He lives in Silver Spring, MD with is wife and two daughters.

Endorsements

Señor Levy has done us a great favor. No course in conversational Spanish is complete without the opportunity to read aloud in Spanish and to mentally translate as you read. The stories that he has created contain vivid characters and plots and the vocabulary is very accessible. He shows that Spanish arts and culture can come alive in quality fiction as well as nonfiction.

Tom Maher, Retired Math Teacher
Montgomery County Schools, Montgomery County Maryland

Not only are the stories fascinating and very creative but the side-by-side texts in Spanish and the corresponding free form English translation make the understanding of nuances much easier. Reading these stories have improved my spoken Spanish greatly.

Mak Dehejia
Former Vice President, International Finance Corporation
Washington DC

The stories are fable like in quality, are creative, imaginative and have a gentle message. The stories provoke lively discussions. Students of all ages could use this collection of stories to enrich their learning experience.

Desha Madan Teja MD (psychiatrist)